—故宫四记—

故宫展陈记

—故宫四记—

故宫展陈记

主　编　王亚民

副主编　张光耀　徐　瑾

河北大学出版社·保定

故宫出版社·北京

图书在版编目（CIP）数据

故宫展陈记 / 王亚民主编 . -- 保定 ：河北大学出版社，2018.12
ISBN 978-7-5666-1439-1

Ⅰ . ①故… Ⅱ . ①王… Ⅲ . ①故宫博物院－文物－展览会－工作概况－北京 Ⅳ . ① G269.26

中国版本图书馆 CIP 数据核字 (2018) 第 275277 号

出 版 人：耿金龙
责任编辑：赵　谦　王殊宁
装帧设计：赵　谦
责任校对：冯喆圆
责任印制：靳云飞
出版发行：河北大学出版社
地址：河北省保定市七一东路2666号　邮编：071000
电话：0312-5073003　0312-5073029
网址：www.hbdxcbs.com
邮箱：hbdxcbs818@163.com
印　　刷：保定市正大印刷有限公司
幅面尺寸：185 mm × 260 mm
字　　数：160千字
印　　张：12.75
版　　次：2018年12月第1版
2018年12月第1次印刷
书　　号：ISBN 978-7-5666-1439-1
定　　价：126.00 元

序 言

故宫，曾经的紫禁城，是明清两代皇帝居住和处理政务之所，自1925年起成为博物馆，开始向社会、向公众开放。

紫禁城作为皇宫和作为博物馆，其特质是根本不同的，前者是古代社会政治、伦理的象征，是皇权意志的集中体现；而后者则是新时代的体现，是征集、典藏、陈列和研究代表自然和人类文化遗产实物的场所，并对这个场所里的收藏品进行科学性、历史性和艺术性的分类，为公众提供知识、艺术欣赏和文化教育，以提升公众的文化素质和审美情趣。

故宫是座博物馆，但又不同于其他的博物馆，有它自身的特殊性，其特殊首先就在于它是在明清皇宫基础上建立的，是座遗址性博物馆。其次，它本身的历史以及所收藏的大量文书档案和图书典籍，决定了它又是一座古代文化博物馆。再次，它所收藏的186万余件藏品，珍贵文物占文物总量的90%以上，涉及文物艺术的25个大的门类、69个小的门类，而且每个门类都有其自身的、完整的生态链，都有其产生、发展、成熟的完整链条，这决定了它还是一座古代艺术博物馆。

紫禁城建筑的宏伟与壮丽举世瞩目，而对故宫文物的历史价值、艺术价值，公众却缺乏足够的认知。如何让更多的人认识和理解古代文物的文化内涵，看懂和欣赏古代文物的艺术之美，博物馆的展览就显得尤为重要了。

那么，什么是展览呢？通俗地讲，“展”就是摆出来给人看，是被动的；“览”是人主动地看，意味着很喜欢看。摆出来给人看很容易，而让人喜欢看就不那么容易了。传统的展陈理念重在罗列、说教，注重“展”而忽略“览”；其具体的展览实践，我用三个词来概括：“撮堆儿”“排个儿”“贴标签”。“撮堆儿”即把所展的文物分类，形成一个又一个的单元。“排个儿”即按照年龄大小摆放位置。“贴标签”即每个文物下方有个小标签；每个单元有个中标签，也就是单元说明；展览有个大标签，就是总序。过去博物馆的展陈大体上是这个样子，至于文物与环境的关系、文物与人的关系、人与环境的关系则是很少考虑的。

这种展陈方式，目前在各个博物馆里依然普遍存在。于是，博物馆有相当多的业务人员、展览人员还存在这样的认识：专业性的展览，主要是给专业人士看的，一般观众看也看不懂。这种观点我是不赞同的。我自主管故宫博物院展览以来，要求业务人员，包括展陈设计人员，你们策划的书画类展览、瓷器类展览、家具展览以及其他门类的展览，只做到让你们自己喜欢是远远不够的，仅仅让那些研究书画、瓷器、家具的专业人士喜欢不算本事，你能让家里的“七大姑八大姨”看了也喜欢，这才算真本事。这话有点儿糙，但话糙理不糙，我的意思是说做展览，专业人士喜欢不算本事，一般非专业人士喜欢才算本事，这就涉及到展览的“人民性”的问题。

为什么人服务？是展览的根本问题。如果不认真思考、解决这个问题，展览就会迷失方向。那么，在展览的内容上，就要善于利用文物讲故事，因为故事是鲜活的，更容易打动人。在展览的形式上，就要从传统的说教式、罗列式向沉浸式、体验式转化，要善于营造合适的氛围，让人沉浸其中，感受文物带来的不同维度的体验。更重要的是，通过这种与文物互动的体验，让观众加深对文物背后深层次的文化的理解，进而增进对我们伟大的中华民族的了解和热爱。

实现中华民族的伟大复兴，是中国人民最伟大的梦想。今天，我们的时代比以前任何时期都更加接近这个目标。故宫的文物是前人留给我们这个时代的“百科全书”，是先辈知识、经验和智慧的物化。这也意味着，在我们国家和民族发展的关键时期，我们特别需要通过文物来看清中华民族所走过的漫漫历史道路，我们比以往任何时候都迫切需要了解和懂得自己灿烂的文化和辉煌的艺术，以取得国家和民族发展的动力。

为了实现这样的目标，我们搞的展览反映文物，就应该不是通过概念，不是通过说教和机械的罗列，而是通过文字、色彩、声音、画面、情节、场景，尤其是通过情感进行生活的、艺术性的再现。文物的色彩有多么斑斓，展览的色彩就应该有多么斑斓；文物的情境有多么丰富，展览的情境就应该有多么丰富；文物的韵味有多么淳厚，展览的韵味就应该有多么淳厚。

展览如果能做到这样，则不仅专业人士喜欢，我们的大众、我们的老百姓也会喜欢。有人以为老百姓文化程度低，看不懂展览，这种观点是错误的。过去老百姓很少看展览，那是因为我们没有给他们提供优质的展览。近些年故宫的展览，有的是非常专业的，这里我以故宫家具馆为例，最初精品罗列的陈设思路，专业人士很爱看，甚至打着手电筒观看藏品的细节，但一般观众匆匆走过，引不起兴趣。我意识到问题的严重性，立刻与策展团队商量，转变策展思路。大家认为，家具是与人的生活密切相关的，也是最有温度的，所以在布陈过程中，应尽可能地考虑家具与人的关系、家具与环境的关系，尽可能地还原家具的实际生活场景。因此，我们通过内檐装修、宫廷陈设等，配合着展出的家具，再现了一组组帝王理政、读书、休闲的空间，我们甚至通过家具、陈设还原了名画《是一是二图》，这是对乾隆皇帝生活环境的一次真实的历史再现。家具馆开放后，专业人士一而再、再而三地前来观摩，一般观众也看得兴奋、看得感动，他们不仅是看到了一件件精美的家具，而且透过家具窥探到了康乾盛世的惊艳与繁华，心中自然而然地升起民族的自豪感。

当然，近年来故宫的其他展览，如《石渠宝笈》书画大展、清初“四僧”书画特展、赵孟頫书画特展、清初“四王”书画特展、吴昌硕书画特展、千里江山——中国青绿山水画大展、故宫系列瓷器展览、故宫输出并引进的各个特色鲜明的专题展览等，无一不是在贴合展览的“人民性”上苦下功夫的。那些琳琅满目的展品，在有限的空间，通过和谐的色调、情境化的搭配、赏心悦目的设计，得到了无限的发散与延展，不仅专业人士爱看，而且最为重要的是收获了社会大众的心，得到了公众的认可。

办好一个展览不易，办好故宫博物院的展览更需要多方努力。只有始终不脱离人民大众，牢记博物馆社会公器的属性，一步一个脚印，扎扎实实做工作，才能让更多的深藏在库房中的文物为越来越多的人服务。

2020 年，紫禁城将迎来建成 600 周年；2025 年，故宫博物院 100 周年华诞。可以肯定的是，故宫这座中国最大的博物馆定会以更多的优质展览为公众讲述喜闻乐见的文物故事，与人民大众一道描绘中华民族伟大复兴的宏伟蓝图。

故宫的展览，永远与人民在一起。

王亚民

2018 年 11 月 16 日

目录

1925

第一章

党的十八大之前故宫展览的探索与发展

2011

故宫博物院成立初期开辟的古物、图书、文献等陈列室，是利用文物原所在宫殿或房屋略加清理整理，因陋就简布置起来的，虽然尚不专业，却起到了宣扬民主和打击复辟势力的作用。这个时期的陈列展览确定了宫廷原状与历代艺术的陈列体系，为故宫博物院以后的陈列展览工作打下了基础，其确定的中、西路原状陈列地点，内东路、外东路的专馆陈列的馆址，沿袭使用至今。限于当时的主客观条件，整个陈列展览还缺乏整体规划，分类缺乏系统性且不够清晰，文字说明亦不充分，反映了当时中国博物馆事业起步初期的时代特点。

建院初期，主管业务工作的古物馆、文献馆、图书馆和秘书处，按各自所管业务内容，分别开辟、举办各项陈列展览。

古物馆在东六宫开辟陈列室多处，举办专题陈列展览，其中有：钟粹宫前殿的“宋元明书画陈列”，后殿的“扇面、成扇专门陈列”；景阳宫前殿的“宋元明瓷器陈列”；承乾宫的“清代瓷器陈列”；景仁宫前殿的“青铜器陈列”；斋宫前殿的“古代玉器陈列”。在西六宫的咸福宫则举办“乾隆珍赏物陈列”。此外，还保持、充实、改善了建院初期在中路乾清门至坤宁门四周廊库开辟的象牙、玛瑙、珐琅、景泰蓝、雕漆、如意、文具等工艺美术类文物的专题专项陈列。

文献馆在外东路皇极殿至景祺阁开辟陈列室多处，举办的陈列展览有：皇极殿、宁寿宫的“历代帝王画像陈列”；养性殿的“礼器、印玺、玉册陈列”；畅音阁的“戏衣、切末陈列”；阅是楼的“剧本、盔头陈列”；乐寿堂及东、西暖阁的“档案、钞币、符牌、勋章、图书、溥仪文字、慈禧寝宫陈列”；颐和轩的“盔甲、兵器陈列”；景祺阁的“朝服陈列”；景福宫的“史料陈列”。

图书馆先后开辟的陈列展览有：英华殿的“宋元刻本佛经陈列”和“《左传注疏》《四书集义精要》等书籍陈列”；昭仁殿的“清代御制诗文集及历朝圣训陈列”；乾清宫、咸福宫的“清代名人

及乾隆写本佛经和殿本、钞本书籍陈列”。

秘书处负责在交泰殿、养心殿、西六宫等处开辟了“宫廷生活原状陈列”，以保存原皇室居住生活的原貌。

在开放参观方面，大体上仍沿用建院初期的开放办法，将整个开放地区划分为东路、西路、中路，三条路线轮流开放，每条路线每周定期开放两天。东路每周三、六开放，西路每周一、五开放，中路每周四、日开放，每星期二休息一天。这样安排的原因，主要是开放参观的范围扩大后，又增开了一些陈列展室，而院里为开放服务的员工和负责安全保护工作的警力有限，若三路每天同时开放无力照管。

开放地区划分的三条参观路线及各条路线布置的陈列展览是：中路后三宫的乾清宫、交泰殿、坤宁宫及其两庑与神武门城楼。后三宫为宫廷生活原状陈列，两侧廊庑为专题专项陈列。神武门城楼为銮驾仪仗陈列室。西六宫、养心殿均保留宫内陈设原状，作为宫廷原状陈列供人参观。咸福宫、抚辰殿、英华殿为乾隆御赏物品、木器家具、刻本佛经、殿本书稿等专题专项陈列展室。东路，钟粹宫、景阳宫、永和宫、承乾宫、景仁宫和斋宫为书画、瓷器、铜器、玉器等专馆陈列，皇极殿、宁寿宫、畅音阁、养性殿、乐寿堂、颐和轩等处为历代帝王名臣像、戏衣、剧本、档案、钱币、符牌、盔甲、兵器等专题专项陈列。

正当故宫博物院的各项工作逐步走向正常发展的时候，日本帝国主义发动的“九一八”事变震动平津，打乱了故宫博物院的工作部署。为谋文物安全，故宫博物院筹划、选择院藏文物精品南迁上海、南京等地储存。抗战时期伴随1933年古物南迁，1935年赴英国伦敦参加了中国艺术国际展览会以及出国前后在上海及南京举办公展。伦敦展览是故宫文物首次大规模出国展览，在西方世界引起轰动，使其人民对危亡中的中国有了新的了解。

伦敦中国艺术国际展览会

参加伦敦中国艺术国际展览会出品图说

1931年，日本帝国主义在我国东北发动“九一八”事变，强占了中国东北地区，并有进一步并吞华北之势，更大规模的侵华战争正在酝酿之中。为免文物遭受浩劫，1933年，故宫博物院将所收藏的大批珍贵文物装箱，筹划并开始了历史上“古物南迁”的壮举。在此期间，故宫博物院的陈列工作基本处于停顿状态，但其时故宫却开展了一次重要的展览活动，也是故宫博物院的文物第一次出国展览，即参加伦敦中国艺术国际展览会。故宫对此次参展非常慎重，事先经院理事会多次讨论并定下周密计划，才做决定，同时还成立筹备委员会以负专责。展品是从运至上海的文物中挑选出来的，有铜器、瓷器、书画、玉器、珐琅、织绣、漆器等共计735件。在赴英之前，于1935年4月先在上海公开展出，然后于1935年11月在伦敦英国皇家艺术学院正式展览。这次展览是故宫的大批文物首次出国，也是在西方国家第一次大规模地展示中国数千年来的文明，对于宣扬中华民族悠久的历史、辉煌灿烂的文化成就以及提高国人的民

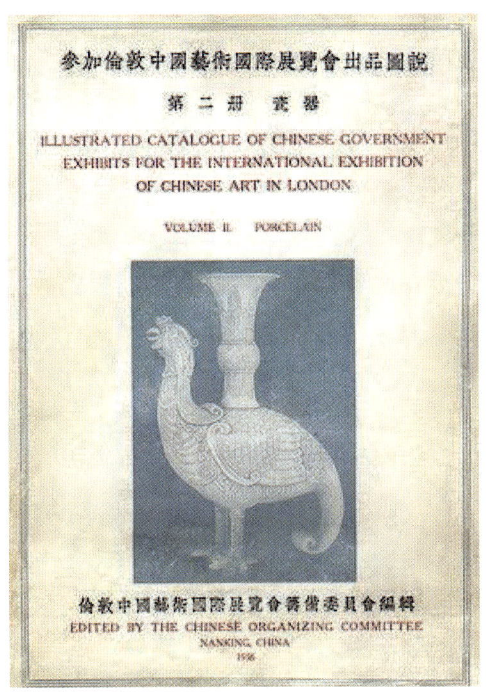
参加倫敦中國藝術國際展覽會出品圖說
第二册　瓷器
ILLUSTRATED CATALOGUE OF CHINESE GOVERNMENT EXHIBITS FOR THE INTERNATIONAL EXHIBITION OF CHINESE ART IN LONDON
VOLUME II. PORCELAIN
倫敦中國藝術國際展覽會籌備委員會編輯
EDITED BY THE CHINESE ORGANIZING COMMITTEE
NANKING, CHINA
1936

《参加伦敦中国艺术国际展览会出品图说》
（第二册　瓷器）封面

族自尊，都产生了良好的效果。展览于1936年3月结束，所有参展作品均完整无损地运送回国，之后又在南京公开展出三周，同时出版了《参加伦敦中国艺术国际展览会出品图说》，分铜器、瓷器、书画、其他，共四册。

抗战胜利后，故宫博物院在陈列展览与对外开放方面，基本上维持了原有的陈列展室与开放区域。古物陈列所正式合并到故宫博物院以后，又重新调整、布置了太和殿、中和殿、保和殿和武英殿、文华殿的陈列。

中华人民共和国成立后，故宫陈列展览的主旨转变为为人民大众服务的方针。1949 年 1 月以后，人民政府接管初期的陈列展览工作，仍由古物馆、图书馆、文献馆几个业务部门分别管理，此间在文华殿布置了“清代革命史料陈列”和“帝后生活与农民生活对比展览”，将咸福宫调整为工艺美术小品陈列，在前三殿、后三宫开辟布置了宫廷原状陈列等。整个 20 世纪 50 年代都在恢复故宫陈列长期形成的宫廷史迹及历代艺术陈列体系。这一时期，各种陈列展览活跃，内容丰富，既有相对固定和稳定的陈列，也有短期临时展览和出国展览。1950 年，先后在同顺斋、御书房、皇极殿布置了“机械人玩具”“铜胎珐琅器”“舆图绘画”等陈列，同时还配合当时形势和按照有关工作任务要求，举办了一些临时展览和特别展览。这些展览有的自办，有的与外单位联办，有的由院提供场地，外单位自办，主要有“美帝国主义侵华史料展览”“全国工农兵劳动模范展览”“赴苏联中国艺术品展览”“抗美援朝，保家卫国展览”“少数民族文物展览”“清代宫廷戏曲资料特展”和“海关扣留文物特展”等。

1951 年成立陈列部，统一筹划管理全院的陈列展览工作，相应地加强了宫廷原状陈列，在参考查对有关宫廷文献史料的基础上，对前三殿、后三宫、养心殿、西六宫等处的宫廷生活原状重新做了布置。1954 年，院领导根据故宫博物院的实际情况，确定了陈列展览新的工作方向，提出在陈列展览中要不断提高思想性、艺术性与科学性，既要组织好古代文物艺术品的陈列，也要做好宫廷史迹陈列。宫廷史迹原状陈列是故宫陈列展览的重要组成部分，也是故宫陈列展览的一大特色；故宫藏品丰富，如何科学地加以展示也是一个重要研究课题。基于上述指导思想，故宫博物院对陈列展览格局进行了一次完整规划，确定前三殿、后三宫、养心殿、西六宫等处为原状陈列的重点，采取“保存清代历朝发展中的原状，表现某一时代特色”的方法，在大量调查研究的基础上，重新进行了布置。后又陆续开辟了重华宫、体顺堂、燕喜堂、军机处等宫廷史迹原状陈列。

在艺术品陈列方面，规划设计了大量专门用于陈列展览的区域。开辟前三殿及东西两庑，建成以展示历代艺术品为主的综合性陈列馆，内东路、外东路开辟陶瓷、青铜、书画等陈列专馆。这些艺术品陈列场所建成后，截至1957年，分别布置完成了历代艺术综合馆、陶瓷馆、绘画馆、青铜器馆、国际友谊礼品馆。这些专馆的建立在国内外工艺美术界、文物界、博物馆界产生了广泛影响，有些还成为大学和中等专科学校的直接课堂。在宫廷原状陈列方面，如前所述，除展示前三殿、后三宫、养心殿、西六宫等宫廷史迹原状外，又开辟了重华宫和养心殿后部的体顺堂、燕喜堂等宫廷史迹陈列。此外，还独立筹办或与外单位合办临时性的陈列展览10余个，其中有“反对美国侵略集团阴谋劫夺我国台湾文物展览”“我国出席亚非会议礼品展览”“全国陶瓷展览”“敦煌石窟艺术展览”“全国民间剪纸展览”“齐白石画展”“五省重要出土文物展览”“现代工艺美术展览”“织绣展览”“清代玉器陈列”“清代漆器陈列”“石鼓陈列”等。这个时期的陈列展览，既有相对固定的古代艺术专馆陈列与宫廷史迹陈列，也有短期的、临时性的专题展览。有的陈列展览，如“织绣展览”“玉器、漆器陈列”等，还为以后成立专馆做了准备。

1958年后，陈列展览工作主要是对前一阶段的专馆陈列进行充实提高，同时建立珍宝馆等新的陈列专馆和举办临时展览、巡回流动展览。到1965年，除调整充实了珍宝馆、历代艺术综合馆外，又先后新建了雕塑馆、织绣馆、明清工艺馆、钟表陈列室等专馆，并将历代艺术综合馆正式定名为“历代艺术馆”。这一时期，与有关单位合办的临时展览有“明定陵出土文物展览”“黄河水利考古发掘展览”“永乐宫壁画展览”“曹雪芹逝世二百五十周年纪念展览”；在院外举办的巡回流动展览有上海、成都的“明清织绣展览”，沈阳的“纪念古代十大画家作品展览”，天津、南京、广州的“扬州画派作品展览”。1965年后，又在神武门城楼举办了反映四川大邑县地主庄园的“泥塑《收租院》群像展览”。1966年“文革”开始后，故宫闭馆，1971年7月5日故宫恢复开放。

历代艺术馆

历代艺术馆是故宫博物院于 1959 年 9 月布置完成的一个大型陈列专馆，展览分布于保和殿及其东庑及西庑，展览面积达 4140 余平方米，是故宫博物院迎接新中国成立 10 周年的献礼活动之一。历代艺术馆是一个综合陈列馆，按中国艺术发展的历史顺序进行布置，展示了中国各个时期艺术发展的概况。历代艺术馆的陈列品具有高度的历史、艺术和科学价值。展品的来源大部分为历代皇宫旧藏，这些藏品随着朝代更迭辗转流传，最后在明、清时陆续复归大内；有些则是明、清宫廷原状陈设、装饰。此外，还有许多展品为新中国成立后通过国家调拨、故宫收购、私人捐献、兄弟单位支援等途径入藏故宫；随重大考古发现不断出土的珍贵文物，如长沙马王堆汉墓的丝织品、西安秦始皇陵兵马俑等，也曾于历代艺术馆陈列。历代艺术馆陈列以时代先后为序，内容分为绘画与雕塑、铭刻与法书、陶瓷、织绣、玉石、漆器、金属器、竹木牙雕、文房四宝等门类的工艺美术品，共计 1583 件（套）。展览可令观众了解相关艺术门类的起源、

定窑白釉孩儿枕

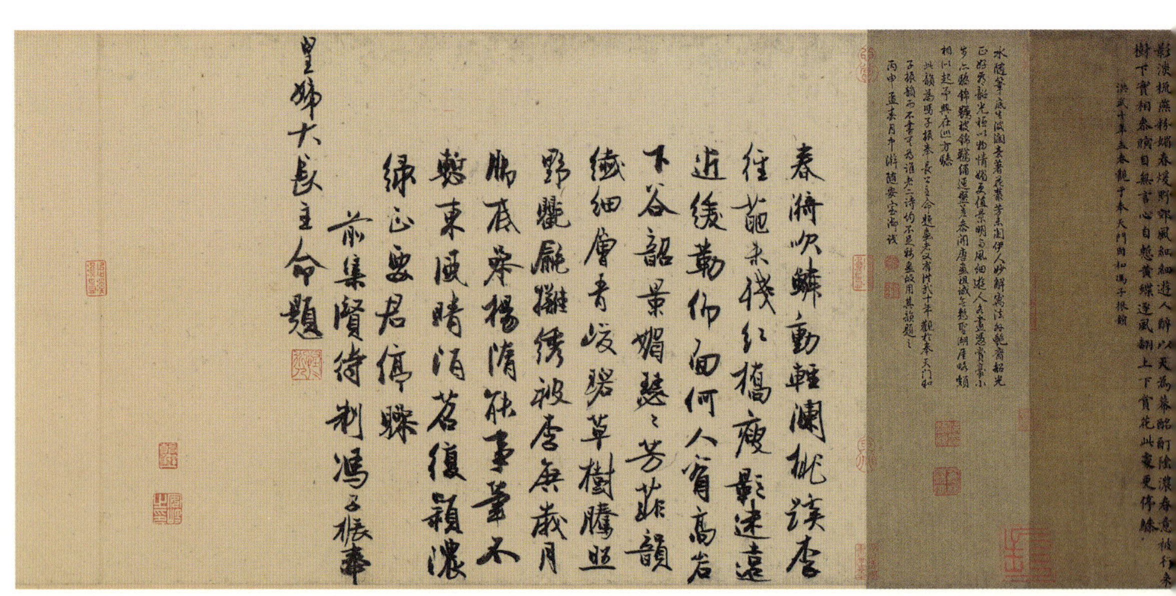

发展和盛衰；通过文物可表现各个艺术门类之间的相互影响，反映我国各民族的重要文化成就及其对于灿烂的中华民族文化艺术所做的伟大贡献。历代艺术馆从1959年创建，到20世纪80年代进行改陈，一直持续到20世纪90年代，其展品可谓一部形象的中国古代艺术发展史。

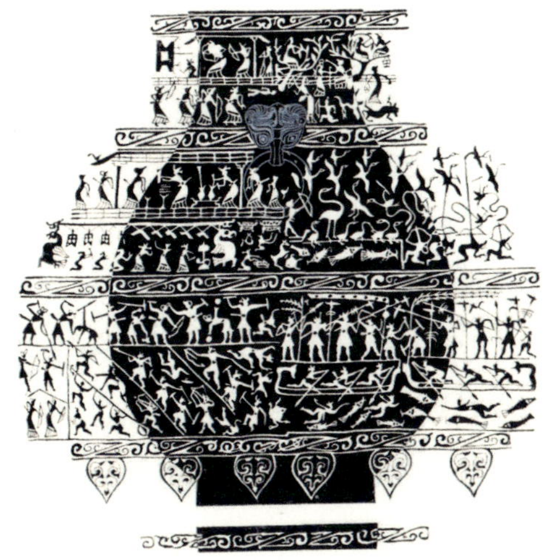

宴乐渔猎攻战纹图壶展示图

宴乐渔猎攻战纹图壶

隋　展子虔（传）游春图卷

泥塑《收租院》群像展览

1966 年泥塑《收租院》展

泥塑《收租院》最初创作于 1965 年。当时为了进行忆苦思甜的阶级教育，四川省大邑县地主庄园陈列馆邀请四川美术学院予以支持。后由四川省文化局正式出具公函，请四川美术学院参加创作，四川美术学院委由雕塑系任课教师带领应届毕业学生作为毕业创作教学任务完成了创作。“文化大革命”爆发后，故宫奉先殿中雕塑馆的展品被当作“四旧”，其展出的龙门石窟等地翻模下来的石膏像等辅助陈列品被砸碎。北京艺术院校的红卫兵和适逢来北京“串联”的外地红卫兵联合起来，决定将当时红极一时的四川大邑《收租院》泥塑照搬到雕塑馆来。1966 年 9 月，中央美院和中央工艺美院师生在故宫奉先殿复制全套泥塑《收租院》。1966 年 12 月 2 日，新复制的《收租院》在奉先殿展出。复制、改版后的《收租院》，整体环境完全模仿四川大邑《收租院》，在结尾处还增加了农民武装起义、高举红旗上山打游击等革命浪漫主义的情节。奉先殿因此成为“文革”时期故宫唯一开放的场所。

1971 年 7 月故宫博物院恢复开放后，陈列展览工作也逐步恢复起来。除恢复了珍宝馆、明清工艺馆、绘画馆、青铜器馆外，由院独办或与有关方面合作，举办了“‘文化大革命’出土文物展览”“中国历代名画展览”“西沙群岛出土文物展览”“陕西省宝鸡市出土文物展览”“七省市出土文物展览”等。1976 年以后，陈列展览工作又有了进一步的恢复与发展，特别是在党的十一届三中全会以后，故宫的展览工作开始朝着有条理、有计划的正确方向发展，破除“文革”期间极左思想的束缚，加强陈列工作的科学性和艺术性研究，使展览工作步入正轨且有较大的发展。“文革”时期撤陈的历代艺术馆得以恢复，故宫院内开始推出年度精品大展，同时故宫主办的特色展览开始在国内巡展。除恢复历代艺术馆外，在古代艺术专馆方面，对青铜器、陶瓷、工艺美术等专馆进行改陈，重新布置；在宫廷史迹与宫廷文物方面，除尽量扩大原状陈列外，还先后布置了“清代宫廷戏曲资料陈列”，举办了“清代典章文物陈列”，充实了珍宝馆，恢复了钟表馆。除上述陈列展览外，还举办了“慈禧罪行展览”“长江水文考古展览”“各省市自治区征集文物汇报展览”“战国中山王墓出土文物展览”“古代建筑展览”和在河南开封展出的“明清工艺美术展览”等临时展览。1979 年举办的“清代帝后生活文物展览”配了两套展品，先后在杭州、镇江、南京、徐州、合肥、济南、哈尔滨、长春、天津、石家庄、郑州、长沙、南昌、福州、广州、南宁、贵州、昆明、扬州、武汉等地巡回展出，受到各地群众的欢迎。

进入 20 世纪 80 年代，故宫博物院展览有了进一步的发展。在专馆陈列方面，先后增辟了铭刻馆、文房四宝馆、清宫玩具馆，更新改进了陶瓷馆、钟表馆，恢复了玉器馆，调整了青铜器馆和历代艺术馆。在临时展览方面，自办或与有关方面合办的有“故宫博物院藏梅兰竹菊画展”“全国重大出土文物展”“中国台北故宫博物院收藏书画复制品展览”“当代已故书画家作品展览”“浙江古代婺州出土瓷品展览”“哲盟辽墓壁画展览”“纪念郎世宁诞生二百六十周年展览”“清代帝后印玺展览”“临淄齐国故都文物展览”“明清宫廷家具展”“延安古代珍贵文物展”“中国陶瓷文化展”“日本‘每日书道’展”“日本出光美术馆‘陶瓷之路’展”等数十个。其中“故宫博物院建院六十周年纪念展览”以大量的历史图片、资料、实物和文物，生动地再现了故宫博物院 60 年来诞生、发展与奋斗的历史；为迎亚运会而举办的“中国古代体育文物展”，表现了中国古代体育运动的发达，受到体育界人士的高度评价。特别值得说明的是 1990 年由故宫与相关单位合办的“中国文物精华展”受到社会的普遍关注，更受到中央领导的重视，时任中共中央政治局常委、总书记江泽民，政治局常委、国务院总理李鹏，政治局常委、书记处书记李瑞环等领导同志，先后莅临参观。江总书记称赞“这个展览不仅仅是一个古代文物展览，还是一个很好的热爱中华民族的爱国主义展览”。李鹏总理称赞这个展览“不仅反映了社会的发展，而且反映了科学与技术的进步，生动地体现了我们民族的优秀文化和古代劳动人民高度的聪明才智”。

中国文物精华展

江泽民总书记莅临故宫博物院，参观“中国文物精华展”后，欣然题词

1990年6月29日，由国家文物局、故宫博物院和中国文物交流服务中心共同举办的“中国文物精华展”在故宫文华殿隆重揭幕，时任国务院副总理吴学谦，时任中央政治局委员，国务委员兼国家教育委员会主任、党组书记李铁映等为展览揭幕、剪彩。展品汇集了来自全国28个省、区、市及中国社会科学院考古研究所提供的文物精品245件（组），上自400万年前的古猿颌骨化石，下至明清各代的各种工艺品，包括陶瓷器、玉器、青铜器、金银器、漆器、牙骨雕刻、织绣品、甲骨、竹简、玺印、雕塑、文房四宝和唐卡等，均堪称国宝。展览跨越年代之久，文物精品之多，历史价值、科学价值和艺术价值之高，是以往任何文物展览所不能比拟的。

展览一经推出即引起了党和国家领导人及国内外人士的密切关注。时任中共中央总书记江泽民参观了展览，强调继承发扬中华民族光辉文化。9月12日，时任国务院总理李鹏参观了“中国文物精华展”，李铁映、邹家华、罗干等领导同志陪同参观。李鹏总理指出，中华民族是一个具有悠久历史和悠久文化的民族，我们应当很好地继承和发扬我国劳动人民、科学家、文学艺术家创造出来的灿烂文化，使之进一步发扬光大，为我们祖国的社会主义现代化建设服务。

第一届“中国文物精华展”的成功举办，引发了民众的参观热情，为了满足国内外观众的要求，国家文物局决定举办第二届“中国文物精华展”，从25个省、区、市选调文物200余件（套）于1992年4月在故宫博物院永寿宫展出。第二届展览保持着文物精华新颖、独特、

展期：1990 年 6 月 29 日—1991 年 11 月 15 日（第一届）
　　　1992 年 4 月 10 日—1993 年 4 月 10 日（第二届）
地点：文华殿（第一届）
　　　永寿宫（第二届）

精美、稀珍的特色，采取按类排列和集中展现重要遗址出土文物的陈列方法，以“少而精”体现丰富与辉煌。展览中涉及的几处遗址，都是当时近两年的重大考古发现，在参展的 200 余件（套）文物中，有许多是第一次公开与世人见面。展览受到国内外观众的好评，起到弘扬我国优秀文化的作用。

20 世纪 90 年代中期，故宫博物院又对陶瓷馆、青铜器馆和绘画馆进行了一次大规模改陈工程，称为“三馆改造”。其中绘画馆移位于保和殿西庑，陶瓷馆和青铜器馆分别改设于乾清宫东西两庑。1985 年故宫博物院建院 60 周年之际，推出“故宫建院六十周年纪念展览”，展览是对故宫建院 60 年来奋斗与发展历程的回顾与总结。1999 年，在中华人民共和国成立 50 周年之际，推出“故宫博物院五十年入藏文物精品展”，这是汇集了新中国成立后的 50 年中故宫新入藏文物精品八大门类 400 件（套）集合而成的大型综合性展览，既表现了故宫藏品之精，又体现了各界对故宫的关爱，更体现了党和国家对故宫事业发展的强力支持。同年推出的“清代宫廷包装艺术展”入选国家文物局评选的 1999 年度“全国十大精品展”。其他的临时性陈列展览，或突出一个门类文物特征，或展示区域性文物精华，也都为故宫博物院临时展览增色不少。

清代宫廷包装艺术展

“清代宫廷包装艺术展”是故宫博物院1999年推出的临时展览，入选国家文物局评选的1999年度“全国十大精品展”。“清代宫廷包装艺术展”位于斋宫展厅，展陈面积约296平方米，展期自1999年11月17日至2000年5月17日。展览由故宫博物院与法国东方中国公司——阿姆都斯公司联合举办，展品以清代宫廷包装为主，兼有部分原始社会至元明时期以及近现代中国民间包装，共计156件，除故宫博物院藏品外，另展出法国吉美亚洲艺术国立博物馆展品8件、香港乔治·布洛克先生收藏品7件、法国杜泽林先生收藏品34件。

我国有着悠久的包装历史，形成了独具东方神韵的包装文化。从远古先民的简单绳草包装到封建国家人们的豪华包装，其用材、方法及构思不断演变和改进，经历了从简单到复杂、幼稚到成熟，从单纯实用到实用与艺术兼备的发展过程。清代承袭前代包装传统，创造了丰富多彩的形式，达到很高的艺术水准。乾隆时期，宫廷包装得到前所未有的发展。御用作坊造办处“集天下之良材，揽四海之巧匠”，专门负责设计和制作宫廷皇家用品的包装。宫廷包装既重视实用保护功能，又强调艺术创新，选材考究，精雕细琢，不惜工本，追求包装的审美情趣和寓意哲理，在包装的造型设计和装潢设计上，处处体现至高无上的皇权思想和皇家的豪华气派，形成了与民间包装风格迥异的宫廷包装艺术。展览内容分为三部分，即包装历史的回顾、清代宫廷包装、中国民间包装。为了突出主题，清代宫廷包装又分成四个单元，即宫廷诗文书画包装、文玩玉器包装、宗教经典与法器包装、生活娱乐用具包装。展览通过对宫廷和民间两大包装体系，尤其是对达到中国传统包装艺术顶峰和集大成者的清代宫廷包装的展示，生动勾勒出我国古代包装的发展概貌，再现了其绚丽多彩的包装艺术及审美情趣，也从一个独特的角度折射出清代宫廷生活的时尚。

“清代宫廷包装艺术展”在陈列形式设计上，体现出整体与局部、统一与变化的辩证关系，同时追求一种淡化设计的思路，着力追求包装的丰富多彩的自然之美和历史文化内涵，突出各个展室陈列文物的特点。为了起到突出重点、画龙点睛的作用，在各个展室均设计了不同的景观，以强化和烘托展览的主题。第一展室序厅以虚拟的交泰殿为景观，将“二十五宝”的包装陈列在序厅前言的前面，置于首要和醒目的位置，以突

展期：1999 年 11 月 17 日—2000 年 5 月 17 日
地点：斋宫展厅

“清代宫廷包装艺术展”展厅（一）

“清代宫廷包装艺术展”展厅（二）

书架形竹提匣

出本展览“清代宫廷包装艺术”这一主题。第二展室清代书画、文玩包装部分中，用清宫最具代表性的玉器包装黑漆描金“一统车书”套装箱设计了一个华美有趣的景观。第三、四展室展出的是清代宫廷生活、娱乐用具包装和民间包装，以丰富的宫廷生活用品和民间贡品包装来展示皇家生活的细节。这一部分的景观采用了堆积现代绳子包装的陶缸，目的是为了强化历史上绳子在包装中的作用及其延续性，同时烘托出浓郁的生活气息。在展览推出的同时，故宫还同步出版了图录《清代宫廷包装艺术》，以展览带动科研，以科研深化展览。

铭心绝品——两晋隋唐法书名迹特展

“铭心绝品——两晋隋唐法书名迹特展”是故宫博物院为庆祝隋人书《出师颂》离开故宫80年后重回宫中举办的两晋隋唐法书展。与《出师颂》共同展出的还有故宫收藏的西晋陆机《平复帖》、东晋王献之《中秋帖》、王珣《伯远帖》和唐代冯承素摹《兰亭序帖》等存世名迹。新近征集的原藏清宫，后流散于民间的隋人书《出师颂》，弥补了故宫藏品中隋代法书的不足，使故宫两晋隋唐之早期法书名迹蔚成系列。展览共展出法书墨迹5件、刻帖6种11件，将诸墨迹和与之相关的法帖拓本中上佳者一并展出，以使观众更加深入地了解这些作品的艺术价值和历史影响。

《出师颂》卷，纸本，本幅纵21.2厘米，横29.1厘米，章草书，无款。引首有篆书“晋墨”二字和花押“伍”以及乾隆御题一段，后隔水亦为乾隆御题，后纸接米友仁跋。《出师颂》自唐朝以来，其递藏一直清晰有序。唐代经太平公主、李约、王涯先后鉴藏；南宋绍兴年间入内府；明归王世懋；清初由安岐收藏，后入乾隆内府，收入《三希堂法帖》，后被编入《石渠宝笈续编》；民国十一年（1922）十一月初九日，溥仪以赏赐溥杰的名义携出宫外，1945年后散落匿于民间不彰60余年。1997年，嘉德拍卖公司很偶然地征集到张达善跋文部分，以25万元价格卖出。2003年，在嘉德征集拍品的过程中，《出师颂》的前半段竟又神奇地出现了，上有宋高宗的篆书“晋墨”二字御题、乾隆皇帝御笔、书法家米友仁的题跋。2003年6月19日，故宫博物院专门延请徐邦达、启功、朱家溍、傅熹年、杨新、单国强等六位书画专家进行了鉴定。专家们通过对原迹的仔细观察，一致认为，该作品确为见于历代著录的隋人书《出师颂》，具有极高的历史、艺术价值。2003年7月10日，《出师颂》被北京故宫博物院行使优先购买权以2200万元购藏，不仅使宫藏国宝重归故里，而且弥补了故宫藏品中隋代法书的不足，使故宫两晋隋唐之早期法书名迹形成系列。

本次展览得到社会的广泛关注。中央电视台及《中国文化报》《中国文物报》《文物天地》《北京日报》等全国多家新闻媒体进行了报道。2003年8月22日及8月29日，故宫两次召开“铭心绝品——两晋隋唐法书名迹特展”学术报告会，多位书画界专家学者及北京众多文博单位的业务人员和高校相关专业的师生参加了报告会。

展期：2003 年 8 月 24 日—8 月 29 日
地点：保和殿西庑绘画馆

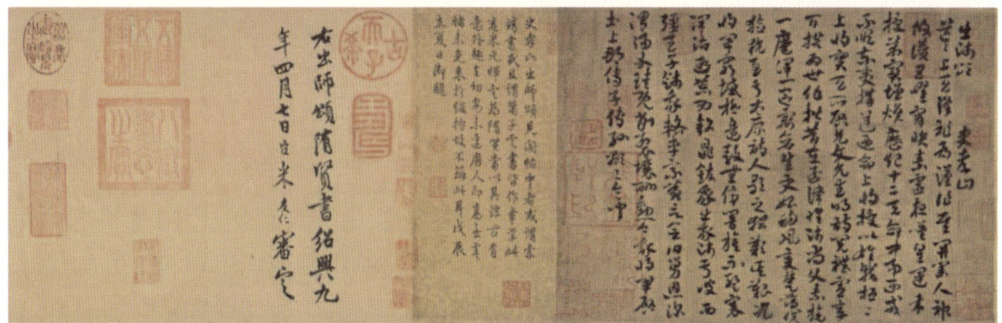

隋人书《出师颂》

跨入 21 世纪，故宫博物院在党中央和国务院的直接关怀与支持下，基本拟就了《故宫保护总体规划大纲》和故宫陈列展览规划。按规则，首先是在 2008 年北京召开奥运会之前，将故宫的主要建筑初步恢复到康乾盛世的原貌；其次是到 2020 年紫禁城落成 600 周年（1420—2020）时全面恢复古建筑的辉煌。根据《故宫保护总体规划大纲》，整个展览格局亦进行了重新调整，总的原则：故宫中轴线和西六宫主要殿宇继续保持皇家的政务活动和内廷生活原状，并根据相关历史研究和档案进行充实、调整、完善；中轴线西庑房，紧密围绕皇室政务和典章制度举办相关的长期展览和临时展览，如中和韶乐、卤簿仪仗、车马轿舆及其他典制文物等展览；书画、陶瓷、青铜等器物类展览逐渐移至紫禁城两侧；开辟文华殿、武英殿、慈宁宫等新展区，以进一步扩大开放参观面积。在展览区域划分明确的前提下，院里还相继建立了古书画研究中心和古陶瓷研究中心，同时举办相应的小型展览并开展相应的学术研究活动；继续保持、完善钟表馆和珍宝馆两个最亮点的展览。

钟表馆

清宫留存有1500余件中国制造或外国进口的钟表，这些钟表成了今日故宫博物院丰富藏品中一个十分特殊与珍贵的种类，在世界博物馆的同类收藏中也名列前茅。这批钟表作为生动的见证物向我们诉说着明清两代中西文化交流的一段历史。清宫钟表按其来源可分两部分。一部分是舶来品。其或为传教士进献，或由清政府直接从国外购进，或是地方官员从洋商手中购买再进贡宫中，或根据帝后喜好专门定做。另一部分是中国制造。宫廷造办处设有做钟处，在传教士的指导参与下制造与修理钟表，最盛时多达上百人。当时全国唯一对外通商口岸广州以及手工业相当发达的长江中下游地区也趁势而起，钟表生产很快形成了一定的规模。故宫收藏的一座座钟表，远不止是计时工具，它们更是一件件精美绝伦的工艺美术品。英、法、瑞士等国制造的钟表，采用了齿轮联动的机械构造，在钟的外表装饰了人、禽、兽及面具等，能够定时表演，呈现耍杂技、演魔术、写字、转花、鸟鸣、水流等景观，动作复杂，形态逼真，配上悦耳的音乐，令人惊叹不已。又由于文艺复兴运动的沾溉和影响，这些钟表不可避免地反映了文艺复兴之后欧洲在造型艺术、装饰艺术等方面的特点。中国皇家制造的钟表，为了突出皇家的富有和豪华，多用紫檀木、红木为外壳，以亭台楼阁的传统建筑形式为造型，上嵌珐琅或描以金漆等，烘托出古朴与威严。

2004年奉先殿钟表馆（一）

故宫钟表馆的设立可以追溯到20世纪30年代，那时故宫永和宫即举办过钟表专题陈列。新中国成立后，故宫博物院从20世纪50年代开始展出院藏的钟表，60年代设立专馆展览，40余年来一直深受中外游客的欢迎。1985年奉先殿设为钟表馆，后因1998年奉先殿大修，曾短期将展览临时移至保和殿东庑，后又重归奉先殿。钟表馆精选了162台钟、23只表，其中，中国钟53台，英国钟83台，法国钟21台，还有美国、日本、瑞士、意大利钟共5台。为丰富和完善陈列内容，所选的23只表系由英、法、瑞士等国制造，属首次公开展出。另外，还将故宫保存的最大的自鸣钟和铜壶滴

2004 年奉先殿钟表馆（二）

漏移置钟表馆，增强了陈列效果。因此，故宫钟表馆可以称得上是一个世界性的钟表工艺品陈列馆。为了更好地为观众服务，故宫博物院从 1999 年起对奉先殿展馆进行改造，改造后的展馆从古建筑特点出发，大大地改善了展陈条件。

2004 年奉先殿整修完毕后，钟表馆又进行了一次大规模改陈，展柜、照明光源、展览形式以及室温控制和安全保卫等方面都有了较大改善。琳琅满目、金彩绚烂的各式精致钟表与气势恢宏、富丽堂皇的殿堂原状风格交相辉映。改陈后的钟表馆展出故宫所藏钟表精品 167 件，奉先殿前殿主要展出中国钟表、英国钟表和西洋袖珍表，中国钟表展又分为清宫造办、广州精华、苏州之韵三个部分，英国钟表展则分为英伦遗珍、世家杰作、名匠精品三个部分。后殿东部展出瑞士、美国、日本等多国钟表，西部展出法国钟表，北面中央明间设钟表演示区，9 件钟表分时分批启动演示。东侧梢间设景观陈列，西侧梢间为视频演播间。精美的中外钟表制品不仅可以使观众领略到百余年前中西钟表高超的机械技艺，有些还能反映出西方工业革命中高度发展的机械文明对中国宫廷生活的影响。

珍宝馆

故宫博物院收藏文物大部分为清代宫廷所遗留。清朝统一全国后，明代皇家收藏尽括囊中，其中包括颇多明代良匠之作以及明代以前的珍品。清宫造办处则汇集了来自全国各地的能工巧匠，专为皇室服务。三织造、两淮盐政、粤海关等亦同时承担皇家器用的制造任务。收藏文物中，还包括逢年节庆典地方官吏的贡礼以及与少数民族政权交往或与西方等国家外交往还的礼品。这些文物大都材质名贵，以金、银、玉、翠、珍珠及各种宝石为主，由著名匠师设计制造，竭尽巧思，不惜工本，代表了当时最高的工艺技术水平，具有深厚的历史文化内涵与精神意蕴，处处显示出皇权至高无上的气度与尊严、皇家富丽精致的品位与好尚，具体而微地折射着一个时代的风貌。珍宝馆就是从百万件藏品中（绘画、青铜、陶瓷除外）遴选出各类精品而设立的展览专馆，以展示清代宫廷文物珍玩为主，包括金、银、珠宝、玉器等珍贵文物。该馆于 1958 年 7 月 1 日正式开放，是故宫博物院历史上展出时间最长的常设展区。60 年来，无数中外游客在此品赏精美的瑰宝，追寻历史的脚步。半个多世纪中，故宫博物院对珍宝馆进行过数次改陈及调整。

珍宝馆的最初开放是在 1958 年 7 月 1 日，当时为了迎接党的生日，故宫博物院仅用了一个星期就使珍宝馆正式对外开放。同时开放的还有乾隆花园（部分）和珍妃井。珍宝馆设在养性殿、乐寿堂。养性殿陈列文物 181 件，乐寿堂陈列文物 622 件，其陈列的文物除金、银、珠宝和玉器外，还有一部分织绣品。颐和轩为原状陈列。故宫博物院请郭沫若先生为珍宝馆题写了馆名。

1958 年 12 月，陈列部对珍宝馆的展览布局和结构做了调整。调整后的珍宝馆分为三个单元：第一单元养性殿，主要陈列金器和一部分玉器；第二单元乐寿堂，主要陈列明朝的银元宝、清代的金质礼器和供器；第三单元颐和轩，以文玩为主。1962 年 5 月至 1963 年 5 月，陈列部对珍宝馆又进行了小的调整，更换展品 75 件。为确保小件珍宝的陈列安全，在陈列形式上采用了在斜坡座上缝缀固定的方法。

1964 年 11 月至 1965 年 6 月，珍宝馆进行了第一次改陈。这次改陈在说明文字和展品结构上进行了大的调整。陈列分五部分，即序幕、封建礼制用品、生活用品、宗教用品、陈设。选用展品 592 件。重新撰写了总说明，每个展室增

2004 年宁寿全宫珍宝馆（一）

加了单元说明。

1972 年 1 月至 1973 年 3 月进行了第二次改陈，以毛泽东“古为今用”的方针为陈列原则和陈列主题思想，运用辩证唯物主义、历史唯物主义的观点，对文物进行正确分析和组织陈列。展品共 801 件，其中养性殿 367 件，乐寿堂 160 件，颐和轩 274 件。除总说明和单元说明外，对重点展品做了专门介绍。

1980 年，针对珍宝馆系统性不强、各室陈列多类展品的状况，取消了单元说明，对总说明和重点展品说明进行了修改，重撰重点展品说明 26 条。这次说明的修改做到了实事求是、客观介绍，删去了空洞的批判词句，尽可能增加了知识性和故事性。

1990 年进行了第四次改陈。这次改陈较之前三次改陈有很大的变化，这些变化主要体现在三个方面。一是展陈地点由养性殿、乐寿堂、颐和轩改至皇极殿和宁寿宫。二是展览内容与建筑使用功能相呼应。皇极殿重点反映代表国家重大政务活动的朝廷典礼仪制，展览分典章制度、宗教、武备、礼乐、祭祀等；

2004 年宁寿全宫珍宝馆（二）

宁寿宫陈列与后妃起居相关，展览分帝后服饰、日用陈设品及餐具等。三是陈列方式的改进与提高。这次改陈采用了与古建协调一致的黄铜展柜；展室内采用了人工照明与自然照明相结合的方法。其中，环境照明为专馆陈列的首次使用，成为展览形式上的重要突破。

2004 年，展陈地点改由宁寿宫东庑南屋、宁寿宫西庑、养性殿、乐寿堂、颐和轩组成。陈列分六个单元：礼制文物（养性殿）、佛教文物（颐和轩）、帝后饰品（西庑北屋）、赏玩珍品（西庑南屋）、日用器具（东庑南屋）、陈设器物（乐寿堂）。除了分类说明以及重点文物说明外，增加了相关知识的链接介绍。配合展览，出版了学术图录《故宫珍宝》。

除专馆改造外，以“花卉花鸟鱼虫具文物精品展”“清代盆景展”“清代屏联展”“羊形特色文物展”“酒具精品展”为代表的故宫文化特色展成为这期间故宫院内展览的亮点。这些展览不同于大型经典性展览，它们细致而深入地择取紫禁城文化中的某一片段，将平日较为冷门的文物集中在一起综合展示，以小见大地反映明清皇室的生活情趣与状态。这些主题标新立异，更受大众的喜爱欢迎。2005 年故宫博物院于 80 周年院庆之际，推出“天府永藏——皇室收藏展”“清代妃嫔生活展”等常设展览及内容丰富的临时展览。2005 年，午门展厅开始启用，首展“太阳王路易十四——法国凡尔赛宫珍品特展”为中法文化年的重要项目，具有极高的政治、文化意义，午门展区的开辟标志着故宫博物院已具备世界先进水平的现代化展厅。至此，故宫展览开启了大型综合性精品展的时代，每年都会推出 1—2 个年度大展，并开展与国外大型博物馆合作的综合性引进展览，如“克里姆林宫珍品展”“英国与世界——1714—1830”“西班牙骑士文化与艺术——马德里皇家武器博物馆珍品展”等，通过展览带动博物馆间交流合作。一般情况下，双方博物馆签订协议完成互换展，故宫在引进展览的同时，以与之相对应的中国宫廷文化为主题，选择故宫馆藏文物送至对方博物馆展出，从而相互呼应。有些展览更担当着双方主办国家友好交往的文化使命，具有特殊的政治意义，成为中国政府举办的国际文化年活动中重要项目之一。

太阳王路易十四——法国凡尔赛宫珍品特展

着加冕服的路易十四

巴黎凡尔赛宫的主人路易十四是法国历史上最著名的君主，功名卓著，号称“太阳王”。路易十四曾向他所景仰的中国派遣使团，同时期的康熙皇帝也对法国传教士带来的科学仪器与西方文化深感兴趣。数百年后，一次展览让路易十四得以“造访”紫禁城。本次展览通过凡尔赛宫珍品反映了路易十四时代的政治、军事、生活和艺术。故宫博物院还从自身藏品中遴选出康熙时期外来或仿制的科学仪器，与法方提供的与中国宫廷相关的文物共同组成“太阳王与康熙大帝”这一特别内容，讲述两位著名君王为中法文化交流所做的贡献。

作为中法文化年的重要交流项目，“太阳王路易十四——法国凡尔赛宫珍品特展”的设计构思考虑了以下因素。

著名思想家伏尔泰认为人类历史有四个巅峰时期，即伯里克利和亚历山大时代、恺撒和奥古斯都时代、佛罗伦萨的美第奇家族时代、路易十四时代，其中，路易十四时代是最近于完美的。在展览的布局上，按照内容的四个部分，将展厅分为东、中、西三个区域。东区展出第一部分“太阳王路易十四”和第二部分“太阳王的亲属臣僚”；中区陈列了四幅巨型挂毯；西区是展览的第三部分“太阳王的华美宫殿”、宫廷景观以及第四部分“路易十四与康熙大帝”。沿墙展柜主要陈列油画、浮雕和小型器物，展厅中央列柱两侧的独立展柜中圆雕的陈列参照了欧洲宫廷的陈列方式。

展览选用了普鲁士蓝为主基调，金色和暗红色为辅助基调。2004年在法国举办的中国文化年是以中国国旗的红色为主基调的。作为中国文化年的一个节目，埃菲尔铁塔曾变红过一次。2005年在中国的法国文化年则以法国国旗的蓝色为主基调。“太阳王路易十四——法国凡尔赛宫珍品特展”把蓝色系列中的普鲁士蓝用作镶嵌着金色画框的欧洲油

展期：2005 年 5 月 1 日—7 月 31 日
地点：午门正殿展厅

画的背景色，产生出最典雅的效果，同时符合法国文化年的主基调。金色的文字说明、暗红色的景观部分和灯箱片——《路易十四与康熙时期对照年表》等与普鲁士蓝构成了色彩冷暖互照的和谐关系，同时也与午门展厅的暖色基调相呼应。

为了烘托出路易十四时期的欧洲宫廷氛围，展览的序幕部分制作了罗马柱和石膏线。前言和分段说明上采用了百合花图案做装饰。这种用两个“L”组成的百合花图案在法国历史上曾经是皇家专用的一种图案，这种图案与中国清代的明黄色一样被公认为是皇家的象征。这个图案在该展览中起到了点睛作用。在展厅的西部，仿制有一道景观，景观的墙面、壁炉、吊灯、地板和栏杆等均仿路易十四时期的风格，使得来自凡尔赛宫的烛台、屏风、躺椅等几件家具与景观相谐相契，目的是为了给观众留下凡尔赛宫殿的直观印象。

为了向观众全方位介绍展览主题，在展厅中还设有演播柱，西向与北向开龛嵌有两个高清晰演播屏，向观众滚动播出凡尔赛宫的情况介绍。在入口和出口处设有两台数字点播器，可向观众介绍这个展览展品的详细情况。本次展览的形象代表是油画《着加冕服的路易十四》。这幅画像仿制于里戈工作室，原作在法国则是家喻

上 展厅内法国宫廷景观
中 “法国凡尔赛宫珍品特展”展厅场景（一）
下 “法国凡尔赛宫珍品特展”展厅场景（二）

户晓的画像。它不仅出现在凡尔赛宫，还出现在其他路易十四曾经生活过的地方，诸如位于卢瓦尔河边的行宫——香堡。故宫展览用它来做灯箱广告、海报、请柬、简介、门票等的题图，在普鲁士蓝色调的背景下，给人一种强烈的视觉冲击。

英国与世界——1714—1830

土耳其迪迪玛太阳神庙遗址

“英国与世界——1714—1830”展示了大英博物馆藏汉诺威王朝乔治一世至乔治四世（1714—1830）时期的珍贵历史文物以及故宫博物院收藏的与这一时期相关的文物。展览主要展示英国在金融、科技、艺术等方面的成就和与其他欧洲国家的相互影响；英国与地中海地区、古波斯、印度的艺术品；英国与非洲、美洲及太平洋地区国家的交往；中国文化及艺术对欧洲的影响。

展览的主要线索设定为英国工业革命后迅速崛起的历史，着重体现从1714年到1830年英国与其他国家的交往。当年对外交流的主要交通工具是船只，因此，设计师将古代船只、古代地球仪、蓝色大海以及海鸥、望远镜设置为展览的主元素，借此来表现那段不平凡的历史。

在海报的设计上，根据英国对世界文明进程所起的作用，用现代设计理念，以海蓝色为底，加入望远镜图案，通过望远镜透出蓝色的大海及飞翔的海鸥，寓意着海洋为英国提供了对外交往与发展的机遇，使英国成为最早完成世界工业革命的国家。海报设在展览入口处，用灰色石板与钢架结构垒砌悬挂醒目的展览海报，灰色石板与城墙颜色和谐统

展期：2007 年 3 月 9 日—6 月 9 日
地点：午门正殿展厅

伦敦皇家交易所景观

一，中心悬挂巨型海报可随展览内容自由更换。

在午门西马道设有介绍大英博物馆馆史文字资料的喷绘，让观众对大英博物馆有一个大致的了解。从马道进入展厅的通道走廊采用欧洲建筑风格，让观众置身欧洲文化氛围之中。厚重的建筑骨架，上面贴饰雕花作为装饰。蓝色的墙面配上与此次英国展览相关的图片、照片，烘托欧洲风情和展览氛围。

展览的入口序厅是每个展览的序幕，也是最先吸引观众的地方。为了让观众在观展前首先了解英国的地理位置，设计师特在前言位置设计了一个可以转动的地球仪，同时寓意英国工业革命带动了欧洲及世界向现代文明发展，海蓝色的背板颜色代表着英国是海洋文明的代表国家。工业化文明与现代设计理念相互交融，主体色调尽显冷静清雅又不失贵族之气。前言的中英文说明文字采用斜面设计方式，采用不透明的彩色塑板刻字，使得文字更加清晰明了。

此次展览分为四大部分，各部分既与整个展览协调统一，又有其独立性。统一性在于有主线贯穿，全部背景布均为海蓝色。独立性体现在每部分展品所体现的相

伍斯特大教堂

关时代背景及地域文化，反映大背景历史下不同民族相互间的交往和影响。分段说明文字的设计均采用弱冷灯光箱下显现文字的形式，这样既不影响展品展出，也使观众看清文字。在单元说明灯箱上还特别标明此部分所处展览的方位，体现出展览设计的人性化。为了突出展览中的重点展品，其专柜的设计采取了人性化的设计理念，说明文字在展品四周用弱冷灯箱置放，观众可从四面看到文字，避免了在一面围观的现象，对文物安全大有裨益。

“英国与世界——1714—1830”展厅场景

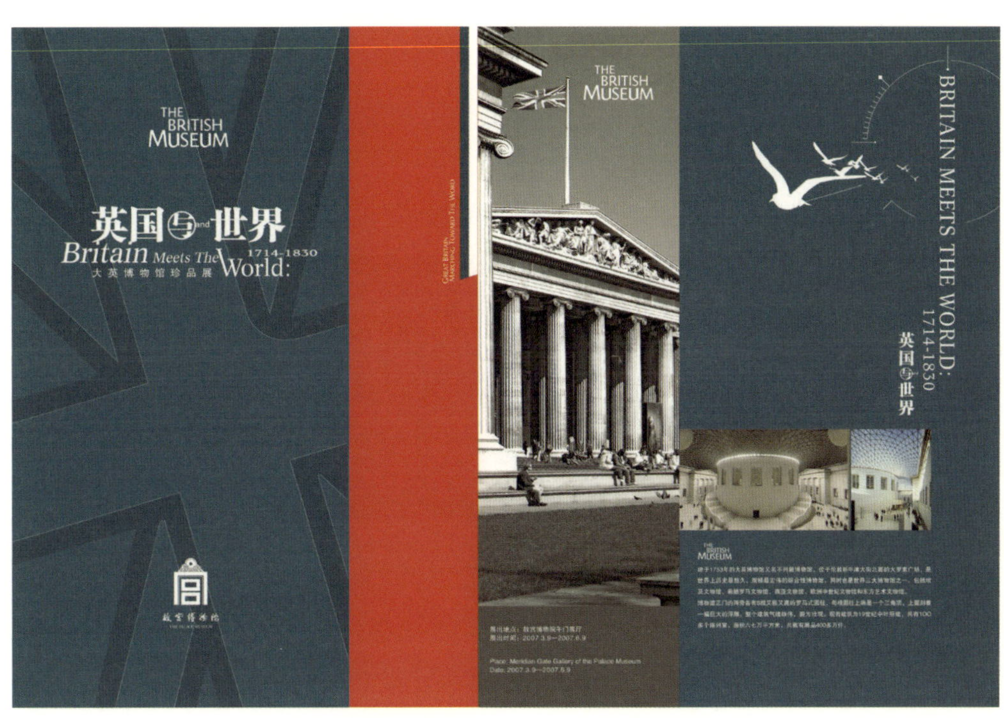

“英国与世界——1714—1830”展览折页

另一类是由故宫负责策划设计的院内大展，如“明代永乐、宣德时期文物精品展”“兰亭特展”等，代表了当时故宫博物院学术研究及展览设计的最高水平，一般在展览的基础上，学术会议、媒体推广、宣传社教等全方位配合。2008 年北京举办奥运会，多项展览在奥运会期间开幕并展出。除了专为奥运会推出的“天朝衣冠——故宫博物院藏清代宫廷服饰精品展”年度大展，故宫还推出陶瓷馆、书画馆、金银器馆、玉器馆及“天府永藏——皇室收藏展”等常设展览。众多精彩的展览，在奥运会期间为中外观众提供了一场场视觉盛宴。

兰亭特展

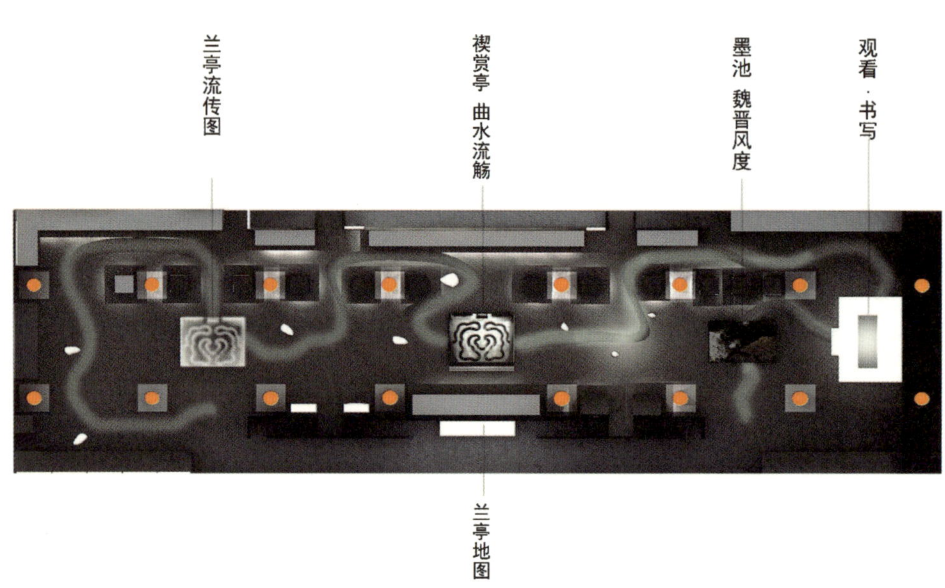

展览空间设计构思

“兰亭特展”是故宫博物院2011年推出的年度大展。“兰亭特展”位于午门展厅，展陈面积约800平方米，展品共计110件，展期自2011年9月21日至12月5日。展览以独特的角度，通过“王羲之的兰亭”“唐太宗的兰亭”“乾隆皇帝的兰亭”以及“谁的兰亭：中国特有的文化现象”四部分，展现《兰亭序》的产生、至尊地位的确立以及对后世的影响，从而剖析在专制社会中帝王对文化艺术的巨大引导和推动作用，并展现后世书法追踪的方向、文人的生活情趣、生活方式的潮流和对普通人生活的示范效应。

《兰亭序》是中国书法艺术的巅峰，是中国书法史上最具代表性的作品之一，对中国书法的发展具有一定的推动作用，其作者王羲之更被尊为“书圣”。《兰亭序》真迹相传被唐太宗随葬山陵，但自唐代起不断摹拓传播，化身可谓成千上万，对历代书家都有巨大影响。与兰亭息息相关的修褉文化，不是自兰亭开始，却因兰亭而不朽。兰亭和修褉的主题表达的是人们高邈的精神追求、高逸的艺术品位、平等的人间友谊和豁达的人生态度。“兰亭特展”展出了故宫博物院及境内外兄弟博物馆珍藏的包括书

展期：2011 年 9 月 21 日—12 月 5 日
地点：午门正殿展厅

“兰亭特展”景观

汉末魏晋六朝的中国

展厅内“墨池”地台

法、碑帖、绘画和器物等各类“兰亭”文物，其中16件为外借展品（东京国立博物馆2件，香港中文大学10件，南昌市博物馆2件，黑龙江省博物馆1件，南京市博物馆1件）。故宫博物院藏品则有西晋陆机《平复帖》、东晋王珣《伯远帖》，唐虞世南、褚遂良和冯承素等公认目前最早、最接近原作的摹本和历代名家临本。乾隆集诸家大成的《兰亭八柱》帖首次全部与观众见面。另有陶瓷、玉器、文房用具中与兰亭有关的文物共同展出。

本次特展,可谓是对兰亭文化最集中、全面的展现，展览不仅从文化、历史多方面展示“兰亭”的发展历程，还通过“兰亭”在各个时代的影响、显现出来的变化，而揭示了其更多的内涵。这些变化和内涵对于人们深入了解兰亭书法和这一独特的文化现象具有重要意义。

“兰亭特展”分为四部分内容：

“王羲之的兰亭”：汉末魏晋六朝的中国大地，旧有礼教崩溃，社会秩序解体，失去束缚压抑的思想信仰自由奔放，艺术创造激情勃发，文人士子特立独行。“书圣”王羲之生活在这个时代，开创了一个时代的书风，流美飘逸、韵高千古的《兰亭序》就在此时产生。

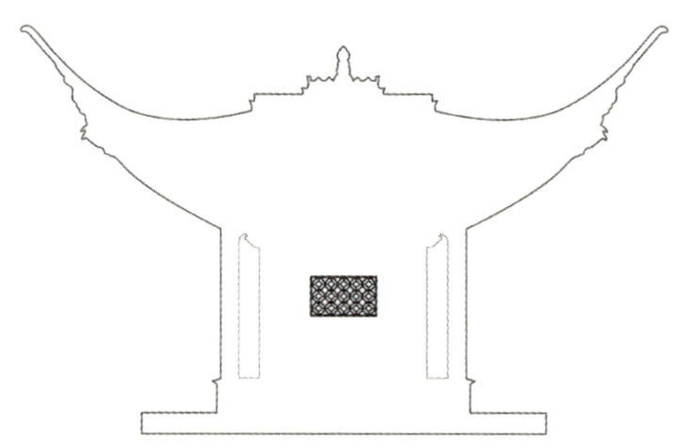

以剪影方式出现的兰亭

“唐太宗的兰亭”：以一代帝王之尊的唐太宗痴迷于王羲之的书法，他亲自为《晋书·王羲之传》写赞论，认为王羲之是“尽善尽美”的书法家，是后代学习的典范。唐太宗大规模地搜访、收藏王羲之真迹，并令人对其进行了整理，在派萧翼智赚兰亭真迹后，又命赵模、韩道政、冯承素、诸葛贞各摹数本，赐予皇太子、诸王近臣。自太宗始，羲之书法被推至书法首位，兰亭文化历代兴盛。

“乾隆皇帝的兰亭”：唐太宗之后，《兰亭序》愈加深入人心。至宋代，由于皇室的推动，大量拓本出现。传播形式的变化使其影响越来越大，在文人中广为流行。延续至清代，其风气影响到宫廷。清初的几位皇帝受赵孟頫、董其昌等名家的影响，学习书法也多遵从《兰

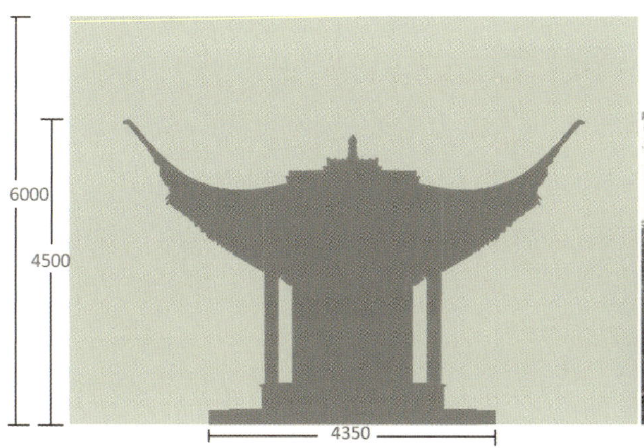

兰亭景观及设计图

亭》帖，而乾隆皇帝对《兰亭》的重视程度远胜元明两朝的皇帝，兰亭文化掀起又一个高潮。

“谁的兰亭：中国特有的文化现象”：唐太宗之后，以对《兰亭序》的临摹、传拓和收藏研究为核心，并伴随着对兰亭曲水流觞、雅集赋诗的延续，兰亭题材图像的绘制以及兰亭故事的编撰、流传等，形成了一种特有的文化现象。帝王、士人、普通百姓对兰亭的喜爱，远远超乎其本身的意义，《兰亭序》文中所表达的由对自然的超越、精神的自由而至生命的通达成为兰亭文化永恒的精髓。

在展览的形式设计上，设计师将展览形式表达划分为三个层次：表现书法艺术的美感；对书法创作背景的展现；文人雅集，传统文人精神的传递。设计师最终将展览基调确定为“随心所欲，顺其自然”，展览以最简洁的形式出现，从展墙到文物展台不带有任何装饰，令观众感悟玄学之境界。在展厅空间的规划中确定书法与自然的理念，为观众营造一种可供联想的空间意象，通过将山、水、石、竹、云、亭等元素进行抽象融于展厅加以表达。展厅以灰白色为主色调，象征粉墙、白麻纸，突出“雅”的主题，间以墨绿色做点缀，象征竹林、小溪、墨色，以此表现《兰亭序》的气韵与季节抒怀。同时，设计师用原木拼接成剪影，将绍兴市兰渚山下的兰亭还原于展厅中，并将展线以修禊中的溪水的形式展现，引导观众在身临其境的感受中向前参观。

陶瓷馆

中国是一个文明古国，在悠久的历史长河中，陶瓷是中华物质文明和精神文明的标志之一。远在1万多年前的新石器时代早期，我们的祖先就在中华大地上发明了制陶术，使我国成为世界上最早制作和使用陶器的国家之一。在距今3000多年前的商代中期，我国已能烧造原始瓷器。到了距今约1800年的东汉时期，真正的瓷器发明了。这是我们祖先在人类文明史上写下的光辉一页。从红陶、灰陶、彩陶、黑陶、白陶到原始瓷、青瓷、黑瓷、白瓷以及五光十色的颜色釉瓷和色彩缤纷的釉下彩、釉上彩瓷器等，展现出中国陶瓷1万多年绵延不断的发展历程，成为世界工艺史上的一大奇迹。中国陶瓷在唐代即开始远销世界各国，其卓越的制瓷技术和辉煌的艺术成就对许多国家的陶瓷生产均产生了深远影响，有力地推动了世界陶瓷文化的发展，充分说明中国无愧于“瓷国”之盛誉。

故宫博物院现收藏有约35万件陶瓷文物、数千件基本完整的古陶瓷实物资料和从全国各地采集回的3万多片古陶瓷残片标本，藏瓷数量几近院藏文物的四分之一。这些藏品的年代上起新石器时代，下迄近现代，几乎涵盖了中国陶瓷发展史上的所有品种，在世界上独一无二。早在20世纪50年代，故宫博物院就开辟了陶瓷陈列专馆，并在1985年和1995年进行过两次大规模改陈。1995年的陶瓷馆设在乾清宫西庑，展出面积约700平方米，尽管条件有限，但仍在社会上产生了较大影响。2002年开始的故宫大规模维修，把殿堂的修缮与其使用功能结合起来，对全院的展览格局做了较大调整。1985年和1995年陶瓷馆的两次改陈，在陈列内容上虽有所改进，但变动不大。2008年新陶瓷馆建成，展厅位于文华殿正殿及东西两庑。此次陶瓷馆的改建与历次相较，无论展览内容还是形式设计皆有质的飞跃。文华殿展厅面积约1000平方米，利于表现展览内容的连贯性。陶瓷新馆建成后，故宫博物院充分利用故宫陶瓷藏品丰富的优势，尽最大可能陈列馆藏精品文物，绝大多数展品都是首次公开亮相，给观众耳目一新之感。陶瓷馆以中国陶瓷发展史为纲，展现中国陶瓷数千年延绵不断的发展历程，并在此基础上，重点展示故宫皇家收藏陶瓷的特点。展览分为：文明曙光——新石器时代的陶器，瓷国寻踪——商、周、秦、汉的陶瓷，青瓷独秀——三国、两晋、南北朝的陶瓷，

陶瓷馆场景（一）

改造后的陶瓷馆

陶瓷馆内天花彩画

南青北白——隋、唐、五代的陶瓷，名窑迭出——辽、宋、金、西夏的陶瓷，瓷都奠基——元代的陶瓷，繁荣昌盛——明代景德镇官窑及其他地方窑陶瓷，清新雅致——明末清初的景德镇窑瓷器，登峰造极——清代康熙、雍正、乾隆景德镇官窑及其他地方窑陶瓷，复有起色——清代晚期瓷器，蜚声中外——中国陶瓷的外销，共11部分。展览不仅以宋朝之后历代官窑瓷器为精彩亮点，还特别展示出以往少有亮相的故宫专藏清代晚期官窑瓷器，这样做，一是力求全面展示中国陶瓷的发展历程，二是为了充分体现故宫博物院收藏陶瓷的丰富内涵。

在借鉴以往陶瓷馆展示的基础上，陶瓷馆在形式设计上有了进一步的提升。首先是尊重古建原貌。新陶瓷馆的馆址文华殿是故宫外朝东侧的一座重要建筑，其殿内雕梁画栋，地面为民国时期安装的彩色瓷砖，上下呼应，和谐完美。考虑到古建本身的装饰美，在设计展览时决定保留原有地面，不再铺设木地板，这样既不破坏古建的原貌，又使其环境与展示内容相吻合。陶瓷类文物本身就具有色泽华美、流光溢彩的特点，为了使展览达到突出文物、营造欣赏陶瓷氛围的目的，在陈列形式上坚持了简约而不简单的原则。展览灯光的运用是一个展览成功与否至关重要的环节，展馆力求通过灯光的运用全面展现每件文物所包含的各种信息。本次展览的灯光设计从每一件文物的特点出发，全部采用光纤照明，通过灯光的艺术化照明让文物变得“鲜活”起来。以往博物馆展览的灯光基本是从上、下两个方向给光，这次改为根据文物展示所需从不同角度给光，使观众能够了解不同文物的重点。例如，明斗彩鸡缸杯，采用从展柜周边向文物中部打光，用灯光来突出该件文物腹部的精美花纹，用灯光展现出文物的层次。在文物说明牌的设计上，除了名称、年代、收藏地点等文物的基本信息外，还要考虑陶瓷类文物的特殊性。陶瓷在鉴别上有一个重要的部位，就是底部的做法以及是否有款识。基于这个特点，展馆在每件文物说明牌的设计上都附上相应文物的款识，以使一般观众和专业人员了解和掌握陶瓷款识变化的规律。在展室环境的设计上，为充分展现和烘托陶瓷文化的氛围，在展柜上方采用大幅陶瓷图形的版面，一方面解决了文华殿太高而展品过小的矛盾，另一方面巧妙地遮挡文华殿高大窗户的自然光源，并防止紫外线进入展室。

陶瓷馆场景（二）

陶瓷馆带二维码的说明牌

书画馆

“故宫藏历代书画展”海报

故宫博物院收藏有丰富的中国古代书画，其中既有晋唐宋元的稀世孤本，也有明清各个画派名家的代表作品，可以清晰、系统地反映中国古代书法与绘画艺术发展的脉络。故宫博物院自建院起就设有书画馆，20 世纪 30 年代至 50 年代故宫将钟粹宫辟为书画馆；60 年代至 80 年代书画馆移至皇极殿及东、西庑展厅，展出故宫藏历代名画直至近代百年绘画通史与各类书画专题临时特展。进入 90 年代，故宫书画馆除皇极殿西庑外，又增设保和殿西庑展厅。

2008 年故宫博物院正式将武英殿展区开辟为故宫书画馆，并推出常设“故宫藏历代书画展”，展览分为晋唐宋元书画、明代书画和清代书画三大部分，以中国美术史为脉络来展示院藏古代书画，所选展品均为我国美术史上的经典之作。每一部分都以这一历史时期内的绘画特点、画风转变、主要流派和代表画家为展示重点，每一件作品都具有很强的代表性，较为完整地体现中国美术史体系。“故宫藏历代书画展”是故宫博物院的常设展览之一，自 2008 年起每年三期，2012 年起每年两期进行轮展。众多深藏宫中难得一见的书画国宝展示给广大观众，既适于向一般观众普及美术史知识，也为专家学者与高等院校相关专业学生的学术研究提供了实物参考。书画馆结构布局分为序厅、展区、景观区，另有多媒体影像区。序厅位于展厅入口处，提供了参观者观看中英文前言及领取说明折页的空间，引导参观者进入展区。为达到烘托展览主题氛围的效果，序厅一面墙改造为景观，以晋、唐、宋、元、明、清各朝代书画代表作为中心依次彩喷贴敷于墙面，前置玻璃屏风作为各时期书画的分隔，玻璃表面为深棕色

“故宫藏历代书画展”前言

“故宫藏历代书画展”序厅

“故宫藏历代书画展”展厅内景

“故宫藏历代书画展”手卷类文物陈列

乾隆千字文屏风景观区

喷漆，图像采用了南宋马远《水图卷》的水纹，后墙的书画喷绘与玻璃屏风之间有适当空间得以加入射灯，效果是光直射在画面与屏风背面，用照明使整体景观分出主次关系。《水图卷》中的波涛水流引领观者感受中国书画艺术的源远流长。中英文前言安排在屏风对面的墙上，文字有底图做衬，底图画面同样是马远《水图卷》的局部，与屏风画面出于一处，令序厅气氛整合统一。前言旁边安置说明折页免费领取架，设计风格与前言相同。

“故宫藏历代书画展”多媒体展区

2012

第二章

党的十八大之后
故宫展览的
拓展与完善

2016

党的十八大以来，习近平总书记曾在多个场合提到文化传承和文化自信。2014 年 2 月 25 日，习近平总书记在北京市考察工作时强调：“搞历史博物展览，为的是见证历史、以史鉴今、启迪后人。要在展览的同时高度重视修史修志，让文物说话、把历史智慧告诉人们，激发我们的民族自豪感和自信心，坚定全体人民振兴中华、实现中国梦的信心和决心。”2015 年 2 月 15 日，习近平总书记在陕西省西安市调研时强调：“一个博物院就是一所大学校。要把凝结着中华民族传统文化的文物保护好、管理好，同时加强研究和利用，让历史说话，让文物说话。在传承祖先的成就和光荣、增强民族自尊和自信的同时，谨记历史的挫折和教训，以少走弯路、更好前进。”2016 年 4 月 12 日，习近平总书记对文物工作更是做出重要指示，他强调，文物承载灿烂文明，传承历史文化，维系民族精神，是老祖宗留给我们的宝贵遗产，是加强社会主义精神文明建设的深厚滋养。保护文物功在当代、利在千秋。同年 11 月 10 日，习主席还特别向国际博物馆高级别论坛致贺信，习主席在信中指出，中国各类博物馆不仅是中国历史的保存者和记录者，也是当代中国人民为实现中华民族伟大复兴的中

国梦而奋斗的见证者和参与者。

这一时期，故宫博物院内常设展览、临时展览、引进展览得到全面拓展与完善。2012 年，故宫与墨西哥人类博物馆合作主办“山川菁英——中国与墨西哥古代玉石文明展”，这是墨西哥首次在故宫博物院举办展览。延禧宫古陶瓷研究中心继 2010 年“宋代官窑瓷器展”后，相继于 2012 年举办“洁白恬静——故宫博物院定窑瓷器展”，2013 年举办“色彩绚烂——故宫博物院钧窑瓷器展”，2015 年举办“汝窑瓷器特展”，2017 年举办“哥窑瓷器展”。至此，五大名窑瓷器联展在故宫完成。2013 年午门展厅举办完成“印度宫廷的辉煌——英国国立维多利亚与艾伯特博物馆珍藏展”后，午门修缮工程启动，午门古建筑进行了整体保护性修缮，午门城楼内部展厅进行了彻底提升，并改造为现代化展厅。改造展厅环境的同时，展览设备也进行了更新换代，展柜使用了德国进口的超白夹胶低反射玻璃，更新了照明设备，在文物保护与观赏效果方面都达到了国内先进水平，先进的恒温恒湿设备也确保了展品在各种天气条件下的安全。

青铜器馆

1959 年青铜器馆旧照

青铜器是中国商周时代的重要物证。它的历史价值不仅表现在繁多的器形、复杂的纹饰、成熟的金文和由此折射出的神秘文化上，还体现在与之相伴发展的思想制度、社会背景、宗教神话、民族文化和大众生活上。故宫博物院的青铜器藏品以清宫旧藏为主，辅以历年收购、私人捐献及考古发掘之器，数量达 15 000 余件， 是国内外收藏中国青铜器数量最多的博物馆。故宫博物院的青铜器馆也历经数次变迁，20 世纪 50 年代寿康宫为故宫青铜器馆；70 年代后，青铜器馆迁至斋宫、诚肃殿及景仁宫展厅；90 年代承乾宫东庑也曾作为青铜器馆展厅；2005 年，故宫博物院正式将承乾宫开辟为青铜器馆；2013 年青铜器馆进行升级改造，除承乾宫外，又增设永和宫及同顺斋展厅。

目前，青铜器馆展示内容分为四个部分：

第一部分，“青铜与礼制”。展览通过青铜器再现商周时期“明贵贱，辨等列”（《左传》）的礼制。青铜器作为贵族祭祀、朝聘、宴飨、丧葬等礼仪活动中的礼器，代表着使用者的身份地位和权力等级，即“器以藏礼”， 在社会政治生活中起着非常重要的作用，是维护奴隶制宗法礼制社会的工具，并被当时的统治者神圣化了。由此，西周“天子九鼎，诸侯七，卿大夫五，元士三也”（《周礼正义》引何休注）的“列鼎”制度日臻成熟。

第二部分，“青铜与军事”。早在夏代中国就已有青铜兵器，目前通过考古手段证实的中国最早的青铜兵器是二里头遗址（前 1900—前 1500）出土的戈。“国之大事，在祀与戎”（《左传》），军事以其重要性构成了青铜文化中同样重要的铸铭内容，记载了王朝内部的斗争和王室与周边强族间的矛盾。另外，器物铭文中的征战痕迹更是常见，如“车”“甲”“戈”等。其后，“挟天子以令于天下，天下莫敢不听”（《史记》）。争霸中原的斗争愈加激烈，青铜兵器、车马器的制作也更加广泛。纹饰方面对现实战争生活也有表现，如“水陆攻战纹”等，种类包括戈、矛、钺、刀、剑和箭镞等。

青铜器馆文物

第三部分，“青铜与音乐”。青铜乐器是青铜时代礼乐文化精神的直接反映和典型代表，大致包括如铙、镈、钟、钲、铎、句鑃、铃、鼓、錞于、编钟等，常用于祭祀宴飨或宫廷乐舞，在王室中是地位显赫的礼仪重器。也有一些是军乐器。这些乐器在冶炼铸造和后期编排、调音设计上有极高的要求，涉及形制、音域、音量、音色、音律、编组、和声及音准调音等各个方面，反映了当时的审美追求和音乐观念，在中国古音乐史上占有重要地位。

宴乐渔猎攻战纹图壶展示

第四部分，“青铜与生产、生活”。本部分青铜器以西周晚期生活用器为主，器制特征更突出工艺的先进性和造型的艺术性。此期间，青铜器由人们尊神、敬鬼的载体转变成为人服务的一般用器或艺术品，甚至是商品。表现在器形上，总的趋势是逐渐摆脱庄重典雅的传统，往富丽华贵方向发展。有轻便实用的，也有体量巨大的。纹饰有瓦纹、重环纹、三角云纹，还有燕乐以及采桑等反映现实生活的内容。铭文不限于仪礼内容。春秋晚期甚至还出现了装饰性强、富有艺术感的鸟虫书。此类物品包括镜、炉、灯、带钩等。

印度宫廷的辉煌——英国国立维多利亚与艾伯特博物馆珍藏展

梅瓦尔的阿玛尔·辛格二世像

沙·阿拉姆二世宫廷朝会图

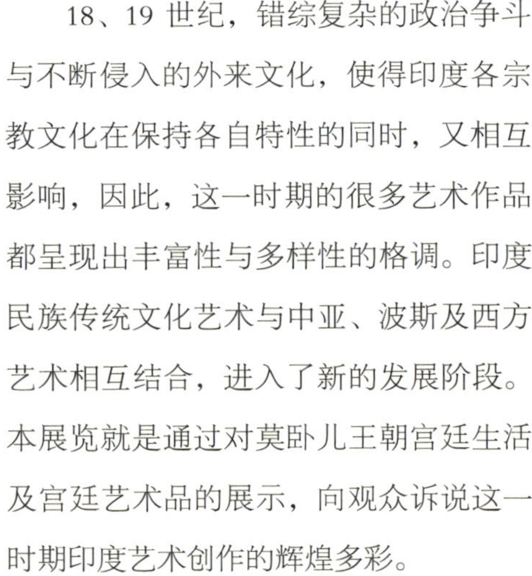

18、19 世纪，错综复杂的政治争斗与不断侵入的外来文化，使得印度各宗教文化在保持各自特性的同时，又相互影响，因此，这一时期的很多艺术作品都呈现出丰富性与多样性的格调。印度民族传统文化艺术与中亚、波斯及西方艺术相互结合，进入了新的发展阶段。本展览就是通过对莫卧儿王朝宫廷生活及宫廷艺术品的展示，向观众诉说这一时期印度艺术创作的辉煌多彩。

莫卧儿王朝文化以伊斯兰为主，同时也兼容并存印度其他宗教派别的文化，在展览设计理念上就不能只考虑伊斯兰风格，而是要把这一时期所包含的各种文化元素都尽量考虑进来，又不能失掉主题，因此，展览的整个基调定位为印巴风情。印巴文化泛指南亚地区国家的文化，印巴文化浸染下的物品，如炫目的首饰、多彩的服装、独特的工艺美术品和家具等都令人喜爱。粉桃色、鲜橘色等暖色是印度的代表色。因此，展览平面设计的主题色采用绛红色与具有金属质感的棕色搭配，展厅中主色彩为复古的咖啡色，具有一种深沉而含蓄的美感，给人以古雅温暖的感觉，并令人产生怀旧的情绪和感到一丝神秘与高

展期：2013 年 4 月 25 日—7 月 31 日
地点：午门正殿展厅

“英国国立维多利亚与艾伯特博物馆珍藏展”通柜中穹隆顶状壁龛

展览主形象所借助的印度古建中拱门造型

“英国国立维多利亚与艾伯特博物馆珍藏展”前言

贵氛围。

展览的空间设计力求做到将观众步步带入、引人入胜。展厅外引廊的装饰以印度古典建筑中莲瓣元素做造型，用壁纸营造出石材的效果。地面铺以灰色地毯，显得古朴宁静。展览的前言处是展览序幕的开始，设计的好坏关系到观众第一印象，此处设计沿用引廊的风格，但通过跌级手法，使进深不大的空间产生近大远小的视觉效果，更有冲击力，

“英国国立维多利亚与艾伯特博物馆珍藏展”主海报

独立柜外印度风格装饰贴纸

更具空间感。东西两个入口转角处是进入展厅的关键之门，此处面积不大，高度有限，如果设计不当，势必给人压抑之感。此处设计方案是用以印度古典装饰图案为元素的壁纸为底，并配以柔和的光照，空间虽小，却能给观众一种温馨亲切之感。展厅内的设计以佛教与伊斯兰教风格为基调，以印度古典建筑形式及古典装饰图案为元素。展柜的背板及展台背布为复古的咖啡色，通柜中辅以穹隆顶的壁龛，独立柜外贴有印度风格繁复华丽的装饰贴纸。展览分为宫廷朝会、宫廷生活、宫殿之外、西方影响等四个部分，展厅东部复原了一个微型的国王休憩区景观，整个展厅给人以强烈的异域印象。

海报的设计属于最有魅力的图片设计工作。展览的第一印象主要是通过海报传播的，所以要尽可能地找到在艺术上讲究的方案，并要切合展览主题。本

“英国国立维多利亚与艾伯特博物馆珍藏展”宣传折页（正面）

“英国国立维多利亚与艾伯特博物馆珍藏展”宣传折页（背面）

文物布陈

次展览的海报选取了“兰吉特·辛格的黄金王座”这件重要展品作为主图案，象征着皇权的威严，背景的绛红色取自宝座靠垫的颜色，其红丝绒般的柔和质感与黄金宝座融合在一起，既形成对比，又不显突兀。主画面四周运用印度宫廷古老建筑中的拱门造型，更贴近宫廷展的主题；具有金属质感的棕色拱门上辅

展厅场景

以各种集聚印巴风情的传统纹饰，与绛红色背景下的黄金宝座形状相配，形成进深感。整个海报设计既淡雅古朴，又体现出宫廷奢华质感，凸显高贵气质。道旗的设计将主形象的设计理念加以延展，体现了展览的整体统一性和连贯性，整体色系不变。请柬和折页的设计在拱门和绛红背景的主形象基础上，皆有些许变化。请柬设计为小巧的瘦长款折页式，为了配合请柬的版式，其主图案由黄金宝座替换为印度大公头巾上的珠宝装饰。折页除绛红色的主题色，背景色中又增加了更为丰富的桃红色、深蓝色、褐色、棕色，这都是以往展览中很少尝试的，如此鲜艳的色彩也是为了突出印度文化的鲜明特点。

2015 年，故宫博物院迎来 90 周年院庆，藏品保护、陈列展览、观众服务、科学研究、文化传播等各个方面，伴随“平安故宫”工程的实施，都迎来了新的发展和变化。作为博物馆业务重要组成的陈列展览，经过精心策划和前期筹备，一系列各具特色、精彩纷呈的展览项目陆续呈现给广大观众，展览和展出文物数量大幅增加，展览陈列效果也明显提升。为迎接 90 周年院庆，故宫博物院没有举办庆典纪念仪式，更没有大操大办搞庆祝活动，而是将一系列文化成果奉献给社会公众，并贯穿全年，以此感恩和回报长期以来支持博物馆事业发展的广大观众。2015 年故宫博物院开放 5 个新的参观区域，开放面积占总面积的比例由 52% 达到 65%; 推出 18 个展览，带给观众更加完整、丰富、精彩震撼的参观体验。故宫博物院的展览达到展出文物数量最多、内容最丰富、形式最精彩的多个院史之“最”，形成以原状陈列为核心特色，精品常设展览为亮点，专题展览精彩不断，传统展陈与数字效果相结合的展览格局，全面提升博物馆氛围与展陈效果，努力实现从“故宫”走向“故宫博物院”。这些“不得不看”的展览吸引着观众的目光，使他们主动前往东西两侧区域参观，从而缓解中轴线的观众压力，起到分流的作用。通过策划、布陈一系列院庆展览，也积累了难得的经验，有利于进一步创新展览思路、丰富展览内容，实现故宫博物院展览从“数量增长”走向“质量提升”。

普天同庆——清代万寿盛典展

“清代万寿盛典展”午门正殿展厅形象墙

改造完成后的午门及展厅是故宫博物院面积最大、功能最全、规格最高的现代化展区，2800平方米的大型展览空间可满足多门类文物大规模展示的不同需求。这个展区也是世界上最为独特的博物馆展厅，它居高临下，气宇轩昂，古代建筑外观完全保持原貌，内部则是既具有宫殿建筑氛围，又拥有现代展览设施的文化空间。

“普天同庆——清代万寿盛典展”是午门及展厅维修升级后的首个展览，又是故宫博物院90周年院庆的重点展览项目，该展览以喜庆、热烈、具有震撼力的效果向观众展示，以强烈的历史穿越感，生动地把文化民俗、历史故事讲给观众，使之喜闻乐见。清代帝后庆寿是清代的盛事，它既展示了清代的诸多礼仪，也展示了当时的民风民貌；既蕴含了清代帝后的祝寿思想，又集中彰显了清代帝后尊老敬贤的道德示范，亦反映了清王朝的政治风气、经济实力。清代帝后庆寿更是珍品荟萃的舞台，反映

展期：2015年10月10日—2016年1月10日
地点：午门及展厅

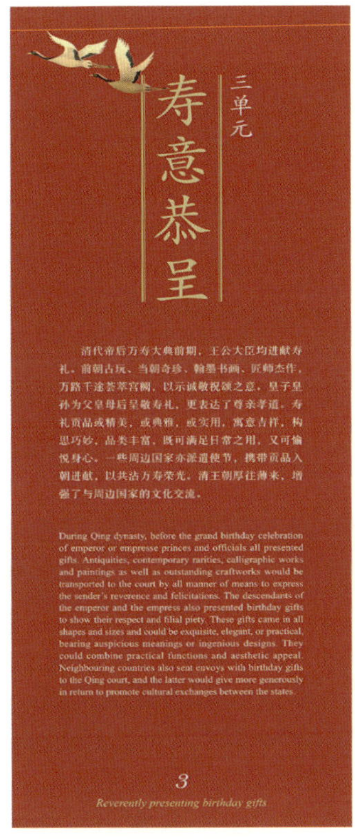

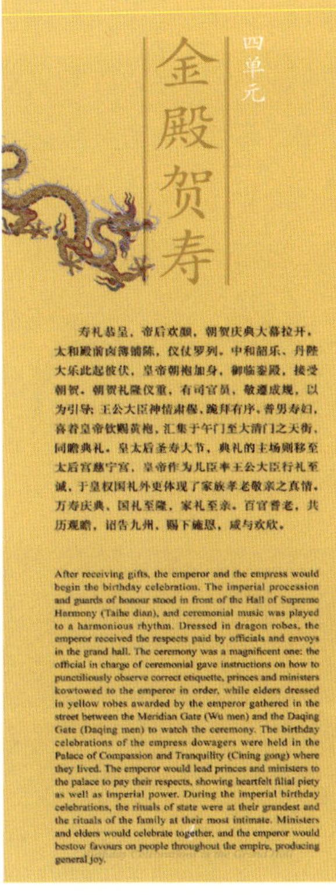

“清代万寿盛典展”单元说明

了清代工艺技术的进步；演艺活动的丰富，亦促进了文化的昌盛。

展览分为六个单元：

第一单元，“同登寿域”。古人向往长寿，但只有国家太平，物阜年丰，人们才得高寿。在清代康乾盛世，朝野长寿者甚多，清代帝后之中高寿者亦不乏其人。为示庆祝，清代帝后多次举办万寿庆典，与民同欢，其规模之盛大，史无前例。本单元以帝后画像为主要展品，介绍清代万寿庆典的概况及意义。

第二单元，“寿满京华”。万寿盛典期间，自京郊西部园囿至紫禁城之间长达数十里的御道两侧皆须布置华美的景致，以供皇帝和太后观瞻。本单元以长达44米全幅展出的《康熙帝万寿庆典图》（第二卷）为主要展品，展示从西直门到神武门一段衢歌巷舞的场景，令观众感受当时万民欢庆的盛况。

第三单元，“寿意恭呈”。本单元主要介绍各地进献贡品的情况。清代帝后万寿节期间，王公大臣、少数民族领袖均进献丰富的物品以示诚敬；皇子皇孙为父皇母后呈敬寿礼，表达尊亲孝道；一些周边国家亦会派遣使臣，携带贡品入朝，清王朝则厚往薄来，赏赐众多物品。这些贡品均极精美，寓意吉祥，构思巧妙，匠心独具。

第四单元，“金殿贺寿”。本单元主要介绍清代帝后万寿盛典期间接受朝贺这一最为重要的礼仪形式。皇帝万寿在太和殿接受臣工等朝贺，皇太后万寿则在慈宁宫接受皇帝及臣工等的朝贺。朝贺时，太和殿与慈宁宫装饰一新，门前两侧列陈卤簿仪仗，各级官员及使臣依次站列，中和韶乐奏起，皇帝和皇太后接受王公大臣及外藩使臣的祝贺，并于是日颁诏，与天下同庆万寿。

第五单元，“盛席寿宴”。本单元

皇子皇孙祝康熙六旬万寿诗屏风

服饰文物展示

万寿庆典图及多媒体

主要介绍帝后庆寿期间的筵宴情况。万寿盛典期间，清宫举行了多种形式的筵宴。宴会上，皇帝与朝臣诗词唱和，气氛融洽；而皇子皇孙更是身穿彩衣，翩然作舞，奉万寿觞，以表达他们对皇帝和太后的祝福及对蒙育之恩的感激。清宫更专设有千叟宴，这是皇帝与皇太后寿及众人之德泽，为敬老尊贤之善政。

第六单元，“寿戏致祥”。本单元介绍戏剧演出这一清代万寿节中重要的娱乐形式。其间无论离宫别苑，还是紫禁城内，都搭建有诸多戏台，许多喜庆剧目更是轮番出演。特别是四大徽班进京献演成就了中国的国粹艺术京剧的诞生与发展，使得祝寿活动客观上起到了促进文化交流与繁荣的作用。

“清代万寿盛典展”展览场景

《石渠宝笈》特展

“《石渠宝笈》特展”海报

特展分为武英殿及延禧宫两个展区，以《石渠宝笈》著录书画为主轴，详细介绍作品的流传经过、递藏经历，同时也展示了故宫博物院在建院 90 年中征集、保存、维护书画所取得的成就。

武英殿展区展出作品大多为宋元时代的一级品文物，规格之高，一级品之多，在故宫博物院乃至博物馆界都难得一见。比如宋代张择端的《清明上河图》，在三年多的“休眠”期后再次展出，还有《伯远帖》、展子虔《游春图》、冯承素摹《兰亭序》、《写生蛱蝶图》、《渔村小雪图》、《听琴图》、《明宣宗行乐图》等家喻户晓的名家书画作品。此外，本次展览还集中展示了顺治、康熙、雍正、乾隆、嘉庆五位皇帝的书法、绘画作品，这也属历史首次。

延禧宫展区整合了以往《石渠宝笈》的研究成果，并且进一步深入发掘史料，主要通过文物展示《石渠宝笈》的编辑、版本、钤印、收藏地点等，具有较高的学术性，大多数书画展品和善本图书皆为首次展出，对进一步推动《石渠宝笈》的研究大有裨益。

自晋唐以来，书画即被视为“有国之重宝”，皇家以收藏、著录推动艺术发展，清代以前以宋宣和内府、元文宗内府为盛，清代则以乾隆及嘉庆初期为极盛。《石渠宝笈》初编、续编、三编应运而生，是对中国古代书画艺术的一次系统整理与总结，其著录作品流传有序，《初编》著录唐宋书画精品极富，堪称当世之瑰宝。故宫博物院藏有绘画 53 492 件，法书 75 035 件，拥有无可比拟的历代书画珍品，其中大多数为《石

展期：2015 年 9 月 8 日—10 月 11 日（第一期）
　　　2015 年 10 月 13 日—11 月 8 日（第二期）
地点：武英殿书画馆、延禧宫古书画研究中心

武英殿展厅入口处

“《石渠宝笈》特展”展览场景（一）

渠宝笈》著录的清宫旧藏之作。

武英殿展区主要展出故宫博物院藏《石渠宝笈》著录书画精品，展览分为“皇室秘赏”“重回石渠”“考订辨伪”三个单元。“《石渠宝笈》特展”并不是一个普通的书画展览，在武英殿展区

"《石渠宝笈》特展"展览场景（二）

展出《石渠宝笈》著录书画的同时，延禧宫展区以故宫所藏《石渠宝笈》著录的文物为依据，分“皇家庋藏”“君臣编著”“精覈无遗”“皇家宝藏”“皇朝秘笈”等部分概述清内府书画的来源、《石渠宝笈》编纂人员、《石渠宝笈》编纂体例，同时展示《石渠宝笈》书画贮藏地点以及《石渠宝笈》版本与玺印等。两个展区相互呼应，共为一体，可以使观众更深入全面地了解、研究《石渠宝笈》及其著录的书画珍品。

“《石渠宝笈》特展”展览场景（三）

明代御窑瓷器——景德镇御窑遗址出土与故宫博物院藏传世洪武、永乐、宣德瓷器对比展

展览堪称明代早期宫廷用瓷的原产地景德镇御窑遗址出土落选品与收存明代宫廷用瓷的法定使用地故宫博物院院藏传世品的一次珠联璧合，是故宫博物院与景德镇市开展全面战略合作的主要内容之一。明代景德镇御窑是服务于皇家的最主要的窑场，其产品一方面以精工细作著称，另一方面也流露着雄壮大气。景德镇御窑除烧造各种器皿外，还烧造专门供应南宫皇宫和报恩寺用的瓷质建材。在大量产品被送入皇宫的同时，有更大量的落选品、残次品被打碎就地掩埋。日复一日、年复一年的堆积，成了解读御窑生产历史的地书，日积月累形成的珠山更成了御窑的地标。

折页效果

自 20 世纪 80 年代始，景德镇御窑遗址的考古发掘中陆续发现了明代窑炉、作坊等遗迹，揭示出明代御窑的格局；同时还出土了数以亿计的御窑瓷片，从中拼对、修复出了大量的成型瓷器。根据这些瓷器，除可以研究御窑生产的成品率、挑选器物的标准以及对落选器、残次品的处理方式等制度性的内容外，还可探究当时御窑的研发情况，并可以通过与传世瓷器的对比了解明代御窑的生产全貌，探究明代宫廷用品生产的管理体系及其在国家经济、社会生活中的影响。

展期：2015 年 6 月 2 日—9 月 3 日
地点：延禧宫古陶瓷研究中心、斋宫

折页封面封底

折页内页

“明代御窑瓷器”折页效果

清淡含蓄——故宫博物院汝窑瓷器展

“汝窑瓷器展”海报

汝窑系指北宋晚期专为宫廷烧造淡天青色釉青瓷的窑场，即狭义的汝窑，也就是人们常说的“五大名窑”——汝、官、哥、定、钧窑中的汝窑，有人称之为“汝官窑”。考古调查和发掘证明，其遗址位于今河南省宝丰县境内，最著名的窑场位于大营镇清凉寺村。广义的汝窑系指宋代汝州境内的所有窑场。汝窑青瓷选料精心，做工考究，胎体较薄，绝大多数都光素无纹饰，个别器物采用刻花装饰。其基本特点是造型隽秀，香灰色胎，淡天青色釉，多采用裹足支烧，

展期：2015 年 9 月 30 日—2016 年 8 月 31 日
地点：延禧宫古陶瓷研究中心

“汝窑瓷器展”展览场景（一）

外底多留有细小支烧钉痕，釉面多开有细碎冰裂纹。展览以故宫博物院藏北宋汝窑及后仿汝窑（釉）瓷器为主，辅以向其他博物馆和考古部门商借的部分传世北宋汝窑瓷器和窑址出土瓷片和窑具标本，力求较为全面地反映传世和出土汝窑瓷器的风貌。汝窑被后人推为五大名窑之首，最重要的原因是汝窑瓷器的淡天青色釉清淡含蓄，不温不火，满足了宋代文人、士大夫的审美情趣。由于烧造时间短且烧成难度大，汝窑产品流传至今的数量不多，从公开发表的情况

看，传世完整器有 70 多件，主要收藏在故宫博物院、台北“故宫博物院”和英国伦敦大维德基金会等。因此，汝窑瓷器以其极高的审美价值和传世稀少而备受世人瞩目。

“汝窑瓷器展”展览场景（二）

光影百年——故宫老照片特展

“故宫老照片特展”海报

慈禧皇太后旧影

20世纪初，摄影术自西方传入中国，由南方的粤、沪传到京、津，后传入宫禁，成为深受幽处深宫的贵人们欢迎的时髦消遣。宫中从此时起拍摄了大量的照片，在逊帝溥仪离宫后由故宫博物院继续保存。老照片作为文献的重要组成部分，虽然出现历史较其他文献为短，但在表现形式上却拥有其他文献无法替代的直观性和真实性，因为摄影的意义即在于将历史的某一瞬间凝固成为图像，原汁原味地保存记录，观众能从这些吉光片羽中，看到逝去时空中的那些人、事和生活。

故宫博物院所在的紫禁城是明清皇宫旧址，帝王后妃的生活情景一直是观众所感兴趣的题材，而照片无疑是这些生活场景的最直观体现。故宫博物院藏老照片近2万张、玻璃底片2万余张，内容涉及自晚清至民国时期的人物、宫殿、风景、工业、军事等各方面。“光影百年——故宫老照片特展”为故宫博物院建院以来首次从所珍藏的老照片及玻璃底片中遴选出百余张清宫藏旧照片以飨观众。这些凝固的历史瞬间、原汁

展期：2015 年 5 月 17 日—7 月 17 日
地点：神武门展厅

“故宫老照片特展”展厅场景

原味的历史场景，将带给观众真实、直观的历史感。在展览设计上采取穿越的手法，使观众在对历史沧桑的回味思考中、在建筑环境的今昔对比中，获得独特的文化体验。为避免文物受损，部分原件仅展出 1 个月，其他时间以复制品代替。

展览分为四个单元。第一单元，“殿堂余晖——皇家建筑与陈设”，展现了摄于清末民初的皇家建筑，忠实地呈现了它们的恢宏与高敞及其承载着的一个历史时代的记忆与沧桑。第二单元，“群像浮光——君臣、家眷及侍从”，主要展现生活在清宫及环绕于其周围的人物影像。第三单元，“兴业图强——军工、教育及筑路”，通过 20 世纪初广泛用于军务、工业、交通等各个领域的摄影技术，呈现了这一时代中国向近代化迈进的过程。第四单元，“禁宫新生——从皇宫到博物院”，内容为 1924 年 11 月清逊帝溥仪在国民军解送下离宫，次年 10 月 10 日古老的皇宫变为新式的、开放的“故宫博物院”，等等，再现了 90 年前那段筚路蓝缕创建故宫博物院的经过。

太和殿“穿越照”

故宫博物院文物保护修复技艺特展

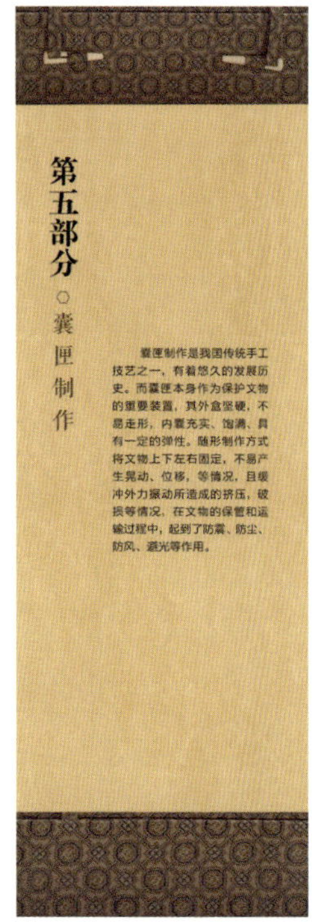

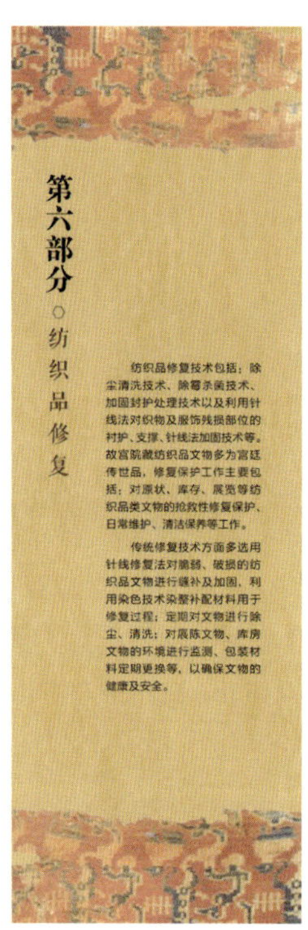

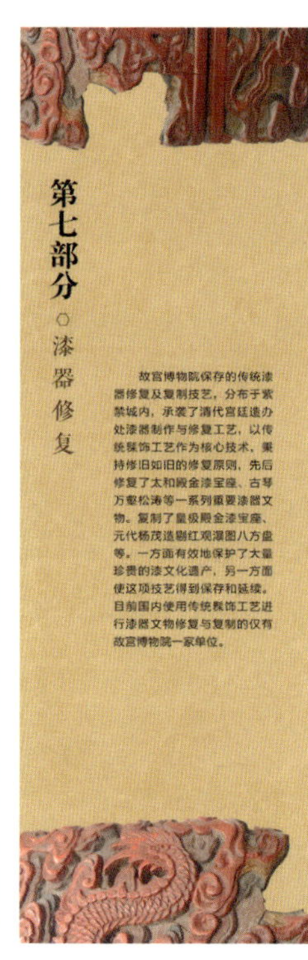

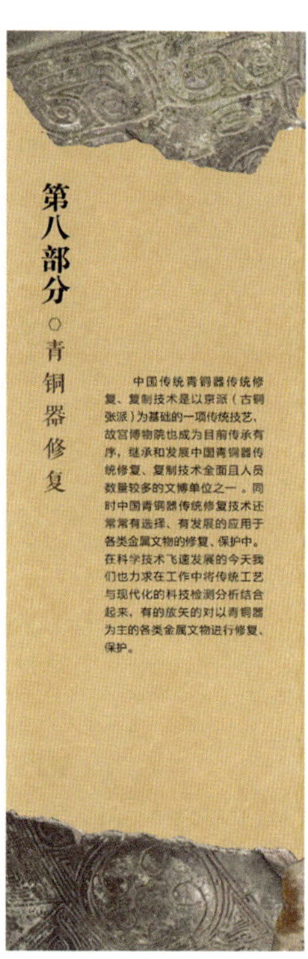

“文物保护修复技艺特展”单元说明

故宫博物院是中国乃至世界最重要的中国文物保护修复机构。此次展览是故宫博物院首次全面展示文物修复成果，集中展示了“平安故宫”工程“院藏文物抢救性保护修复”项目两年来的成果；这个项目也是故宫博物院首次引进社会力量，让来自全国各地的非物质文化遗产传承人参与到故宫文物藏品的保护修复工作之中。

故宫博物院内汇集并保存有无数奇珍异宝，但是由于年代久远和材料属性等客观因素影响，部分藏品确有不同程度的破损和残蚀。文物修复历来有之，修复之法世代传承。口传心授的传统技艺让众多文物复本还原，同时，现代化的科技实验在文物保护工作中也发挥了重要作用，对于材料鉴别、工艺解析、病害勘察、保存状况评估及文物的预防性保护等提供了重要的技术支持。“古法”和“今术”的结合是现今文物保护工作的标志性特征。在当代科技的支持下，故宫博物院文保科技部金石铜器组、木器组、书画修复装裱组、织绣组、漆器组、镶嵌组等 10 余个专业队伍每年修复文物数百件，并不断积累经验，让传统艺术和文化得以流传。

展期：2015 年 9 月 26 日—11 月 15 日
地点：神武门展厅

丁观鹏《十六罗汉图》人工临摹过程

“文物保护修复技艺特展”展厅场景（一）

展览共设十一个单元，分别为古书画装裱修复、古书画人工临摹复制、木器修复、实验室、囊匣制作、纺织品修复、漆器修复、青铜器（金属文物）修复、陶瓷修复、钟表修复和百宝镶嵌修复。各单元分别从技艺说明、传承谱系、文物修复过程和修复案例等几方面进行了介绍和展示，修复案例多配以实物呈现，将故宫博物院近年来科技与传统结合的修复成果全面而直观地展示于众。

“文物保护修复技艺特展”展厅场景（二）

随着故宫整体修缮工程的推进，越来越多的古建筑修缮完成，让故宫博物院展览空间不断增加，为常设专馆的设立提供了有利条件。慈宁宫雕塑馆、东华门古建筑馆、端门数字博物馆都将一一与观众见面。同时，原有专馆也将初步进行改陈和环境提升，增加重量级文物的展出，丰富故宫博物院的展览内容和观众的文化体验。

雕塑馆

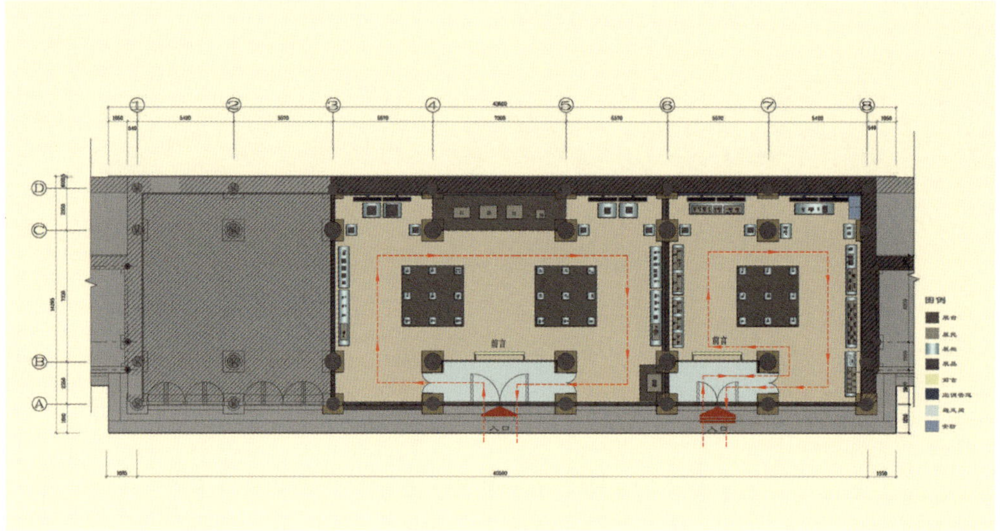

古代佛像陈列室线路图

故宫博物院馆藏古代雕塑文物品种齐全，工艺精美，具有较高的历史与艺术价值，以往却始终没有一个专门的场所进行集中展示。2015年，修缮完成的西部区域对观众开放，慈宁宫区域设为雕塑馆，重点展示佛像、陶俑、陵墓雕刻等文物，意在将院藏雕塑精品展示给观众，使参观者对中国古代雕塑的发展历程有一个较为全面、客观的认识。

展览展出文物年代跨度从战国到清朝，对于这些首次亮相的大体量文物，故宫将首次采用“裸展”的方式进行呈现。雕塑馆展览包括慈宁宫、大佛堂、慈宁宫东庑、慈宁宫西庑、大佛堂西庑五个展室。慈宁宫展厅为精品陈列室，所展示40余件文物皆为故宫博物院藏品中遴选出的精品。尤为值得关注的是东汉永和五年石羊、北齐石佛像及菩萨像、唐开元二年陶俑、北宋木雕彩绘贴金观音像、清代银鎏金六世班禅像、清代泥塑彩绘雍正帝像等，均为难得一见的稀世珍品。慈宁宫西庑为古代陶俑陈列室，展品年代起自西汉，止于明朝，以两汉、魏晋南北朝、隋唐陶俑为主。大佛堂西庑为画像石与画像砖陈列室，展品包括石像生、画像石、画像砖、砖雕等。画像石与画像砖是中国古代雕塑的重要组成部分，题材包括耕种、狩猎、战争、车马出行、庖厨、宴乐、帝王将相、圣贤隐士、列女孝子、仙神异兽、建筑物、

展期：2015 年 10 月起
地点：慈宁宫区域

雕塑馆菩萨像头

天体、自然景物、装饰图案等。慈宁宫东庑为曲阳佛教造像陈列室，曲阳造像以质地洁白、雕刻精美、多具发愿文等特点成为河北地区佛像的代表，堪称中国重要的佛教寺院考古发现之一。大佛堂明间及东暖阁为古代佛教造像陈列室，展示不同质地的古代佛教造像，有铜、泥、瓷、石、木、夹纻多种，展品年代始自十六国时期，止于清朝。

北齐白石造像

菩萨造像

雕塑馆展览场景

古建筑馆

东华门展厅实景

古建筑馆首次实现了东华门城楼、东南角楼、城墙、地面展厅相结合，形成一个立体的、生动的、视野开阔的大型展厅。东华门城楼展出精美的古建筑构件、样式雷烫样和图纸等文物，并设计栈道直通屋顶，可以近距离欣赏东华门建筑构件和彩画；同时开放从东华门至午门的一段城墙，使观众可以近距离观赏城墙的结构与建筑之美，特别是可以进入东南角楼，欣赏其构造的精美绝伦，并观看数字影视作品《角楼》。在东华门下的銮仪卫区域形成一个开放的石刻园区，展出一些有较高艺术水平的院藏石刻，使观众在城楼上可以居高临下地欣赏精美的石刻文物，在历史的氛围中徜徉。

展期：2015 年 10 月起
地点：东华门

古建筑馆展柜内陈列效果图

古建筑馆展柜内陈列

无论紫禁城的营建，还是普通大众生活中五行八作的建造成果，其背后无不闪现着设计者的身影。故宫古建筑的成就，分布在112公顷的建筑群之中；故宫古建筑的设计意匠，可以在漫步城墙、探索收藏、解读历史中得到深层体验。本展览以东华门一区典型案例做细致观察和解读，依托故宫博物院深厚的建筑类文物构件与相关文物的收藏展现紫禁城的建筑之美。

东华门区古建馆总体区域涵盖自午门至东华门段城墙、东南角楼、东华门

和銮仪卫四个部分。城墙段不设专门展览，作为古建筑的主要通道和户外环境展示的重点。角楼展区设立“古建筑木结构”专题展览，展览内容和设施主要包括：多媒体角楼影视作品；角楼测绘图纸，设置三棱锥体转动式展板；角楼建筑本体；角楼模型。东华门展区设“古建筑设计意匠”专题展览，分为“规划·意匠”“内檐装修·意匠”“瓦作·意匠”和“彩画作·意匠”四个部分。銮仪卫展区设立“古建筑石作与保护”专题展览。

角楼展厅实景

故宫博物院早期院史展：1925—1949

故宫博物院院史展涵盖的时间跨度横亘中华民族由艰难黑暗迈向光明盛世的百年时光，将老一辈故宫人在动荡的局势中艰难维持、在南迁路上为国家民族守护珍宝、在新中国成立后逐渐发展并走向辉煌的艰辛历程和丰功伟绩通过展览一一呈现。同时，宝蕴楼这座紫禁城中唯一一座中西合璧的建筑也将与观众见面。

院史展览以清末帝溥仪退位为起点将时间拉回一百年前，以图片的形式将古物陈列所、清室善后委员会等早期机构的风貌和历史为观众清晰地展现出来。

展期：2015 年 10 月 10 日起
地点：宝蕴楼

展览文物布陈

“早期院史展”展厅场景（一）

“早期院史展”展厅场景（二）

在当代部分，展览着重展示故宫文物藏品清理、故宫古建筑整体修缮工程、“平安故宫”工程的实施与成果，使得来访的嘉宾能够了解故宫博物院的历史，对故宫先贤不计自我得失、为国家典守宝藏的精神与事迹产生由衷的敬意。

“早期院史展”展厅场景（三）

原状陈列是故宫博物院历史悠久、为广大观众所熟悉的展览类型，原状陈列的宫殿中每一件物品都严格按照档案记载陈设，文物选择与陈列摆放都尽量恢复历史原貌，让观众能够直接感受到历史文化的原始氛围。这些文物藏品与原来的建筑和氛围在一起展出，成为一个和谐统一的整体，包含着丰富的历史信息和文化内涵，可向世人形象地展示宫廷文化。

2015 年，在新开放区域如慈宁宫花园、寿康宫等进行原状陈列的同时，也对已有展厅的环境及设计进行改造和提升，以更好地处理文物建筑保护与陈列展览效果的关系，增强历史文化氛围，让观众获得更好的参观体验。

慈宁宫花园

慈宁宫花园内临溪亭

慈宁宫花园位于内廷外西路慈宁宫西南，为后者的附属花园，始建于明代，是明清两朝太后太妃们礼佛和游憩之处，是紫禁城内四座花园之一。在礼制森严的紫禁城中，慈宁宫花园是唯一能令后妃们寻得心灵慰藉的轻松所在。

慈宁宫花园修缮完成后，以原状陈列的形式进行开放，主要展示咸若馆佛堂内陈设的千余件宗教文物，并开放临溪亭供观众登临、休憩。慈宁宫花园南侧的咸若馆，正殿为黄琉璃瓦歇山顶，抱厦卷棚歇山顶，翘起的六个翼角各坠一个铜铃，原是供奉佛像及贮藏经文的处所。咸若馆以北为慈荫楼，东西两侧为宝相楼与吉云楼。花园南部有一方水池，其上横跨汉白玉石桥，桥上建有临溪亭，北与咸若馆相对。这些建筑也都已经修缮完成。慈宁宫花园空间开阔，环境宜人，开放后可以容纳较多观众参观和短暂休息。

慈宁宫花园由于受礼制、宗法、风水等多种因素制约，建筑按照主次相辅、左右对称的格局安排，布局规整严谨却略显单调，主要依靠内部精巧的装修和院落中的水池、山石以及品种繁多的花木来烘托浓厚的园林气氛。园中树木以

展期：2015 年 10 月起
地点：慈宁宫花园

咸若馆

松柏为主，间有梧桐、银杏、玉兰、丁香，集中分布在咸若馆前和临溪亭周围，花坛中则密植牡丹、芍药，其春华秋实，晨昏四季，各有不同的情趣。

万岁千秋奉寿康——寿康宫原状陈列展

寿康宫位于紫禁城的外西路，是清代皇太后居住的宫殿，由正殿、东西配殿、后殿、围房等房屋组成，分三进院落。“寿康”二字出自《尚书·洪范》之五福，意为长寿康宁。寿康宫始建于雍正十三年（1735）十二月，竣工于乾隆元年（1736）十月，是乾隆皇帝为生母崇庆皇太后建造的颐养起居之所，崇庆皇太后在此生活了42年，此后恭慈皇太后、康慈皇太后也先后在此居住。寿康宫自故宫博物院成立后，一直作为文物库房使用，从未对外开放。相较于其他皇太后，乾隆生母崇庆皇太后身份最为尊贵，在此居住时间最长，故展览将寿康宫主人定位为崇庆皇太后，原状复原时间定位于乾隆朝。寿康宫一区中轴线与东配殿辟为原状式

展期：2015 年 10 月起
地点：寿康宫

展区，恢复乾隆年间的陈设。当时寿康宫内的陈设富丽堂皇、琳琅满目，此次布陈将尽量恢复原貌，通过精美文物的展示，让观众得以管窥盛世的风采，凸显崇庆皇太后高贵尊崇的地位与乾隆皇帝以天下奉养的孝道。

“寿康宫原状陈列展”场景（一）

“寿康宫原状陈列展”场景（二）

庆隆尊养——崇庆皇太后专题展

“崇庆皇太后专题展”海报

崇庆皇太后钮祜禄氏（1692—1777）为乾隆皇帝生母，乾隆皇帝即位后，母以子贵的钮祜禄氏被尊为皇太后，徽号崇庆，拥有至尊高贵的身份地位，九上徽号，四下江南，外享衢歌巷舞的万寿庆典，内享五代同堂的天伦之乐，福寿双全，享年86岁，是中国古代皇太后中最长寿者之一。“庆隆尊养”四字出自乾隆皇帝为崇庆皇太后临御的慈宁宫所题写的匾额，题额高度概括了对皇太

单元说明

后的尊崇与礼遇，也是皇太后享受乾隆年间富贵生活的真实写照。

专题展地点为寿康宫前东围房、中东围房、前西围房、中西围房，其中三个展厅展示文物，第四个展厅为影像放映室。分为三大单元：“母仪天下”，展示皇太后的品德和地位；“慈寿无疆”，展示皇太后逢旬的三次庆典；“母子情牵”，展示乾隆皇帝与母亲之间的深厚感情。展览从故宫博物院藏品中特别遴选出与崇庆皇太后相关的文物70余件，希望通过实物展示崇庆皇太后的往昔生活，并让观众由此一窥乾隆盛世的时代背景与风尚。

展览将与寿康宫原状陈列相呼应，使观众全面感受宫廷“女性世界”的生活、文化习俗与历史风貌，体会到乾隆皇帝对母亲的尊重与孝心。

展期：2015 年 10 月起
地点：寿康宫东西殿

“崇庆皇太后专题展”前言

“崇庆皇太后专题展”之母子情牵部分

军机处原状及专题展览改陈

“军机处原状及专题展览改陈”展厅场景（一）

“军机处原状及专题展览改陈”展厅场景（二）

军机处作为清代最重要、存在时间最长的中央最高辅弼机构，其成立时间学术界尚有分歧，大部分学者认为应是雍正时期。展览以雍正朝以来的军机处史料为基础，展示与军机处相关的历史文物并配置以大量展板、图片等。具体内容分为三个部分：其一，军机处职能。包括军机处机构、军机处满汉章京值房、军机处一天办事程序，展示文物有红漆皮奏折匣及《西域同文志》《八旗通志》《平定两金川方略》《大清一统志》等。其二，军机处档案情况及其内容展示。展出档案包括分录副奏折（月折）、档簿、来文、照会、清册、电报、函札、表文、舆图、杂件等 10 种。其三，军机大臣。展出军机处官员服饰、佩饰及办公用品等。

展期：2015 年 10 月起
地点：乾清门广场西北隅值房

2016 年，故宫博物院的陈列展览在王亚民常务副院长的带领下，在展览理念、筹展风格、制作工艺等各方面都有了长足的进步。在展览理念上，王院长根据科学系统的理论和故宫展览的实际，提出故宫展览中工作“八要八忌”的要领：

1. 展陈要有情感，要体现专业性，切忌应付差事。

2. 展览筹备尤其是展览设计时，要深刻学习、全面领会展览大纲的内容和含义，切忌展览言不及题。

3. 院内展览要形成一定的规律和规则，要有统一的风格和面貌，能够全面地体现故宫展览的风格和文物本身的内涵。在展览的形式、色彩、语言等方面要有所统一，切忌随意杂乱。

4. 展陈要发挥创造力，要使展览活灵活现、展览内容生动有趣，切忌单调划一。

5. 展览设计上要追求情景式、体验式的参观模式，要让观众能够切身实地地感受到展览所要表达的内容及其意义，切忌罗列说教式的硬塞硬讲，使观众毫无学习与参观的兴趣。

6. 器物类的展览要有更多的文化性，要有更多学术性的内容；书画类展览切忌千篇一律、形式单调、缺少新意。

7. 展览中的展板展牌设计制作要规范细致、用心处理，切忌对细节的草率和忽视。

8. 展览要有节奏感，要让展品能够完完整整地呈现在观众面前，尤其是一些有配件的文物，一定要将配件也共同展示出来，使观众能够看懂看全，切忌缺鞋少袜，让观众产生误解。

通过学习和领会以上八项重要内容，故宫的展览工作水平在展览策划、陈列设计、布展施工等方面得到极大提高。在这一年的展览中，观众在参观时，体会到一种身临其境、犹在眼前的感觉，而不是简简单单地说教，让观众失去参观展览的兴趣。展览筹备通过对形式、颜色、语言等方面的规划和统一，让每个展览、每个展厅都焕发活力，使其风格更加能将所展示的文物的内涵传达出来；每一次展览首先确立明确的展陈方向，同时也要对展厅及陈列形式等做出合理科学的规划，最终使故宫的展览焕发新的、更大的活力，向步入故宫博物院参观的观众呈现更为立体化、多样化、科学化的展陈，充满文人气、书卷气、艺术气，使观众流连忘返，进而扩大故宫展览的社会影响力。

梵天东土　并蒂莲华——公元 400—700 年印度与中国雕塑艺术展

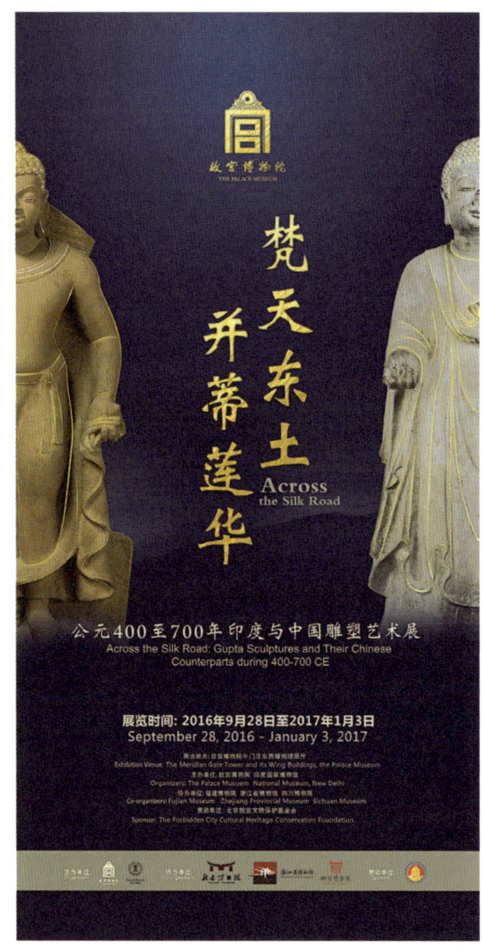

“公元 400—700 年印度与中国雕塑艺术展”海报

展览从印度各地 9 个博物馆中遴选出笈多与后笈多时期的雕塑 56 件，从中国河北、河南、山东、陕西、四川、甘肃、新疆等地博物馆挑选出同时期雕塑精品 119 件，涉及印度笈多与后笈多时期、中国的北魏至初唐时期代表性的石质雕塑作品和少数铜质、陶泥质造像。这是我国首次将中印古代同时期雕塑艺术对比展示，也是中印两国文化交流项目的重要组成部分。展览选择公元 400—700 年这个历史片断具有特殊的历史意义。首先，中国的三位求法高僧法显、玄奘和义净在笈多艺术鼎盛时期以及后笈多艺术初期到达印度，他们的游记被西方学者重视，在印度有巨大的影响。本展览以他们亲历的印度艺术文化中心为主线挑选文物。其次，这是笈多艺术走向成熟和达到极盛的重要时期，被称为印度艺术史上的“黄金时代”，其审美标准和艺术模式成为印度艺术的标尺，影响范围不仅涵盖了印度大部，而且远达中亚、东亚、东南亚等广大区域；与此同时的中国佛教艺术开始了本土化和个性化的历程，东晋晚期、十六国、北魏到唐初的雕塑展示出的是多种文化融合和创造力迸发的画卷，不同区域和时期、不同民族文化都在这个时期的创作中各展才华。没有这 400 年艺术创作的激荡，就不可能有盛唐艺术之花的绽放。观众可以从这次独特的大展中感受到前所未有的印度艺术与中国艺术之美，了解亚洲两大文明之间源远流长的文化交流史，感受到两者独特的文化创造力。

为了体现展品的庄严之美，形式设计上减少了色彩种类的使用。在中国部

展期：2016 年 9 月 28 日—2017 年 1 月 3 日
地点：午门

“公元 400—700 年印度与中国雕塑艺术展”展厅场景（一）

“公元 400—700 年印度与中国雕塑艺术展”展厅场景（二）

分展厅以蓝色为主色调，在印度展厅以红色为主色调。为了体现印度的文化风貌，增强展览的代入感，在印度展厅开始的部分模拟了部分印度石窟的建筑风格，使观众一进入展厅就仿佛置身异域。设计师选取了中国与印度各一件代表性文物作为主形象的设计元素，虚化轮廓，用金色线条强调雕塑本身衣带、褶皱、佩饰等细致部位，使沉静的雕塑跃然纸上，鲜活生动，突出了雕塑之美。

“公元 400—700 年印度与中国雕塑艺术展”展厅场景（三）

天下无双品，人间第一花——故宫博物院藏牡丹题材文物特展

展厅入口处画面

牡丹花雍容华贵、艳压群芳，被誉为“国色天香”“花中之王”，历来深受国人喜爱，在中国形成了悠久而独特的牡丹文化。隋代，牡丹花已作为观赏植物进入宫苑。盛唐以降，观赏牡丹蔚为风尚，呈现“花开时节动京城”的盛况。明清以来，人们多视牡丹为“国花”。在国人心中，牡丹是幸福美满、吉祥富贵的象征。我国牡丹产地众多，其中洛阳牡丹冠绝海内，雍正皇帝曾赞之曰：“天下无双品，人间第一花。”牡丹花作为最具观赏性的花卉之一，也一直深受中国历代宫廷及文人喜爱，其不仅是重要的绘画题材，而且常被用来装饰各类工艺品。

为进一步传播中华牡丹文化，故宫博物院从院藏牡丹题材文物中择其菁华，于斋宫及延禧宫举办“故宫博物院藏牡丹题材文物特展”。斋宫展厅分芳菲独秀、嘉瑞呈祥、灵禽致福、万紫千红等四个单元，分别展示以牡丹做装饰，以牡丹与祥瑞、灵禽、佳卉组合装饰的器物类文物，其中包括北宋白釉刻花缠枝牡丹纹盘、元剔红绶带鸟牡丹纹盒、明永乐剔红双层牡丹纹盘、清象牙编嵌染牙玉兰牡丹图团扇等众多文物精品。所展器物装饰手法变化多端，各具特色，尽显牡丹雍容妩媚的风姿与神韵，堪称牡丹的艺术世界。延禧宫展厅分惟妙惟肖、织绣华丽、优雅闲适、富贵荣华等四个单元，分别展示以牡丹为题材的明清绘画及丝帛文物，包括徐渭《四时花卉图卷》、清《牡丹谱》、郎世宁《花鸟图册》、乾隆石青色纳纱八团牡丹纹女单

展期：2016 年 4 月 12 日—6 月 12 日
地点：斋宫、延禧宫

“牡丹题材文物特展”展厅场景（一）

展览文物布陈

褂等精品。这些文物不仅有写实之作，也有抒情写意之作，或工笔重彩、华贵富丽，或水墨淡色、清雅脱俗，类型多样，精彩纷呈。为配合文物展，故宫博物院与洛阳市人民政府共同主办，联合北京市公园管理中心、北京景山公园同时举办“故宫洛阳牡丹展”。

展览以展出文物中的大型围屏作为亮点进行主视觉设计，突出营造宫廷氛围，凸显牡丹的富贵和国色天香。以偏暖的牙色和清丽的淡灰色为主体色调，可以很好结合宝蓝色的楹联、红色的墙体、宫殿顶部的彩绘，不突兀，淡雅雍容中突出牡丹题材文物的富贵与绚丽。斋宫展示了帝王家的富贵与威严，延禧宫则展现了帝王家的优雅与从容。

天下无双品

“牡丹题材文物特展”展厅场景（二）

菊香晚艳——故宫博物院藏菊花题材文物特展

“菊花题材文物特展”展厅场景

在传统文化中，菊花与九月、重阳紧密相连，是代表秋天的物候，是不可缺少的节物。本次菊花展是故宫博物院继 2016 年 4 月举办广受欢迎的牡丹展后策划的第二个以花卉为主题的展览。展览分为“故宫开封菊花展”和“故宫博物院藏菊花题材文物特展”两个部分，通过秋菊这一主线，辅以各类别文物，诚可谓艺术与自然美的双重盛宴，在应时应景的同时，进一步拓展了文化传播与陈列展览的新思路。

千百年来，菊花不但以其轻身延年之功效而被赋予长寿之寓意，更因其傲霜晚香的品格而博得花中君子之美誉，人们用文学、书画、工艺等各种形式去表现、歌颂菊花。为进一步传播中华菊文化，故宫博物院从院藏菊花题材文物中择其菁华，于永寿宫及延禧宫举办“故宫博物院藏菊花题材文物特展”。永寿宫展厅分活色生香、花姿叶态、簇瓣攒英、秋卉盟主等四个单元，分别展示以写实手法表现菊花、以图案化方式表现菊花、采用菊瓣式造型而从不同层面反映菊花文化的器物类文物，其中包括北宋定窑白瓷模印缠枝菊花纹斗笠碗、永乐剔红菊花图圆盒、乾隆御题痕都斯坦青玉菊

展期：2016 年 9 月 27 日—11 月 27 日
地点：永寿宫、延禧宫东配殿

“菊花题材文物特展”织绣类文物展示

“菊花题材文物特展”陶瓷类文物展示

“菊花题材文物特展”展柜内文物

“菊花题材文物特展”延禧宫展厅场景

瓣盘、清象牙编嵌染牙兰菊纹团扇等众多文物精品。所展器物装饰手法变化多端，既有简净单纯之美，亦有装饰繁缛之例，可谓尽显菊花婀娜多姿的仪态与神韵，堪称菊花的艺术世界。延禧宫展厅分写生求真、菊沁衣香、咏菊抒怀、写意传神、工笔写生等五个单元，主要展示以菊花为题材的明清书画及丝帛文物。这些文物中的菊花形象或形简意足、笔墨疏放，或端庄古雅、色泽浑厚，充分体现了菊花清隽高雅的姿韵，使观赏者在得到美之享受的同时，也陶冶了情操。

展览的主体风格设计采用屏风式设计，同中国古代建筑相融合，在故宫红墙黄瓦的衬托下凸显皇家风范。屏风颜色采用紫檀色，稳重端庄，符合清代用材特色，颜色深沉而大气。配合素材，从展出文物中选出四幅较为重要的书画作品，取其彩色菊花的局部作为设计素材，应用于不同的平面设计需求中，在突出展品的同时，满足观众的审美需求。展柜内的展台及背板全部采用米色调为

“菊花题材文物特展”书画类文物展示

主色调，内敛而明亮，高端雅致，可以衬托出不同颜色和材质的文物展品，有很好的烘托效果。同时和深色的展柜结合（永寿宫），水乳交融。展柜内全部采用异型展板，长方形四边内收变为两半圆形，柔和稳重不失变化，配合画面后，满足文物展示说明的同时也起到了很好的美化效果。所有的柜内外的展板均采用这种异型的形式，只是根据实际尺寸调整，整体展示和谐统一。平面中所有大画面均采用淡淡的灰橘粉色基调，明媚干净，墨绿色的行书字体沉稳不沉闷，配合文物中不同的菊花素材，艳而不媚，雅而不淡，更突出了其傲霜晚香的品格，完美地展示了“菊香晚艳”的主题。

2017

第三章

党的十九大之后故宫展览的改革与飞跃

习总书记说："每一种文明都延续着一个国家和民族的精神血脉，既需要薪火相传、代代守护，更需要与时俱进、勇于创新。""一个博物馆就是一所大学校。要把凝结着中华民族传统文化的文物保护好、管理好，同时加强研究利用，让历史说话，让文物说话。"近年来，习总书记高度重视传承发展中华优秀传统文化，多次做出重要指示。他指出，中华民族在几千年历史中创造和延续的中华优秀传统文化，是中华民族的根和魂。建立在5000多年文明传承基础上的文化自信，是更基础、更广泛、更深厚的自信。要让收藏在禁宫里的文物、陈列在广阔大地上的遗产、书写在古籍里的文字都活起来。在习总书记的指示下，故宫博物院的展览工作在单霁翔院长和王亚民常务副院长的领导下，进行了一系列改革，展陈效果产生了质的飞跃，去故宫观展成为一个社会热点，成为一种社会时尚。

为更好地实践改革，主管故宫展览的王亚民常务副院长特提出了全新的策展理念："展览要坚持为人民服务的原则。展览的呈现有多种方式，但最根本的方法是扎根社会、扎根人民。办好故宫的展览就是要讲好故宫的故事，讲好中国的故事。"针对故宫博物院近几年的展览规划，王亚民常务副院长提出三个层面的要求：一是对展览的总体要求，就是要有思想；二是对展览大纲编写的总体要求，就是要讲故事；三是对形式设计的总体要求，就是要做风格、做品牌。

一、展览的总体要求

1. 故宫是中华民族5000年文明的缩影。她承载着灿烂文明，传承着历史文化，是老祖宗留给我们的宝贵遗产，我们要在保护、管理的同时，加强研究和利用，让历史说话，让文物说话，让人们通过文

物承载的历史信息，记得起历史沧桑，看得见岁月留痕，留得住文化根脉。

2. 展览坚持为人民服务的原则。为人民服务不是一句空话，它是展览的宗旨，是展览的根本。我们的观众是展览效果好坏的唯一评判者，以为大多数观众不懂展览，以为他们是下里巴人，这些观念是不正确的。展览的呈现有多种方式，但最根本的方法是扎根社会、扎根人民。

3. 走进人民，贴近生活，是展览工作的基本态度。展示文物，不是通过概念对文物进行简单摆放，而是通过文字、颜色、声音、情节、画面、图像，尤其是情感进行艺术再现。因此，文物的色彩有多么斑斓，展览的色彩就应该有多么斑斓；文物的情境有多么丰富，展览的情境就应该有多么丰富；文物的韵味有多么淳厚，展览的韵味就应该有多么淳厚。

4. 打造面向大众传播的展览平台。要围绕故宫拥有的皇家建筑资源、文化资源、文物资源，全面扩大面向社会、面向人民的开放面积，增加开放时间，提高质量和效益。我们的同志一定要避免“掉书袋子”的自说自话，关在象牙塔里不会有激情写出好的展览大纲、设计出人们喜欢的展览空间。故宫的文化、建筑、文物，是中外博物馆少见的，有的甚至是绝无仅有的，所以，我们有责任打造出一个又一个的经典展览，无愧于故宫这个独一无二的平台，无愧于我们这个伟大的民族，无愧于我们伟大的时代。

二、展览大纲编写的总体要求

1. 展览大纲编写要体现“人民”意识。揭示人类命运和民族前途，是故宫人、故宫专家的追求。好的展览大纲，一定是对不同时期、不同类型最深刻的理解和把握。

2. 展览大纲编写要体现“学术”传统。故宫博物院收藏中国古代文物 187 万多件，共计 25 个大的门类，展览就是要把这些文物分门别类做学术性梳理。例如，故宫收藏书画类文物 15 万件之多，或以艺术家、艺术流派做展览，或以主题做展览，我们可以通过多种形式，把中国书画艺术史的脉络清晰勾勒出来。其他文物门类，都要做这样的工作。这样可以增强人民大众对中国传统文化、传统艺术深刻的认知，增强民族自豪感和自信心。

3. 展览大纲编写，一定要学会讲故事。讲故事，就是要把故宫近 600 年的历史以及中国 5000 年优秀文化发扬光大，让载于史册的古老故事，变成适合当代人的精神食粮，“让书写在古籍里的文字都活起来”。我们要讲明清两朝那些有作为帝王的故事，诸如永乐、宣德皇帝的故事，康熙、雍正、乾隆皇帝的故事，还要讲发生在这 600 年里诸如郑和下西洋等无数可歌可泣的故事，正是因为这些故事主人公的努力，才能有今天中华民族的版图和中华优秀传统文化的延续。

4. 展览大纲编写，要认真讲好故宫故事。讲好故宫故事，我们不仅要讲明永宣时期的辉煌、清康乾时期的盛世，讲这两个时代励志和创业的故事，我们还要讲明末，尤其是鸦片战争以后中华民族饱受苦难的故事。讲好故宫故事，就是要为时代立言，为历史存照，就是要把我们的脚步坚实地踏在这座古老而辉煌的宫殿中，与人民观众同呼吸、共命运，通过一件件具体的文物和一段段有力的文字，让我们民族的道德理想，构成一个时代精神最为深刻的表达。

5. 展览大纲编写，务必要讲好中国故事。讲好中国故事，对于我们来说，就是要立足故宫文物藏品，通过文物的展览，把明清两代各民族密切交往的故事传向四方，就是要一代一代吟唱英雄的史诗，歌唱各民族伟大英雄的事迹，歌唱英雄率领人民实现和平安宁生活的理想，歌唱英雄铁肩担道义的情怀，鼓励各民族人民像英雄一样建功立业，共同为实现中国梦贡献力量。

三、形式设计的总体要求

1. 全力打造面向社会、面向大众传播的展览品牌。故宫的展览，应该充分利用故宫的皇家建筑资源、文化资源、文物资源，提高展览水平，提升展览品质，在展览的形式上形成故宫博物院特有的设计语言、色彩语言、空间语言。

2. 注重传播手段的创新。结合现代社会信息技术的发展，创新方法，拓展途径，利用多媒体技术，开展综合性、立体性的传播，全方位向社会大众讲述故宫故事。展览只让内行人喜欢不算本事，让外行人看了以后也喜欢，才算做到位。

3. 因事而化，通过故事传递强大自信。故事往往比单纯摆文物更容易打动人心。形式设计务必要深入领会大纲、吃透大纲，通过形式设计，把故事与文物结合起来，发掘文物背后故事的核心价值，向懂文物和不懂文物的观众，传递最为激动人心的东西。

4. 因势而新，展览要以新媒介、新手段，提升文物育人的亲和力和针对性。故宫需要结合社会上有文化担当和审美水准的创作和展览队伍，形成一个

又一个有温度、有黏度的展览精品，温暖人，鼓舞人，启迪人。

5. 增强展览的互动性。让观众通过互动性强、即时性强的互联网，以自己的话语体系正面发声，传播展览精品文化，自觉成为故宫故事最鲜活的讲述者和最积极的书写者，唱响新时代故宫展览的最强音。

新时期的故宫展览，内容的编写上摒弃了以往平淡呆板的说教，不再出现令老百姓晦涩难懂的生僻名词，而是用一种充满情怀的文字，简单明了地向民众讲好要讲的故事。展览内容与形式设计不再是相互割裂的，内容团队和设计团队在整个策展过程中加强沟通，团结协作；展览不是通过概念对文物进行简单摆放，而是通过文字、颜色、声音、情节、画面、图像，尤其是情感等进行艺术再现，形成故宫博物院特有的设计语言、色彩语言、空间语言。

四、要做好博物馆的展览，须做好下面七点工作

1. 班子。组织专门的班子，或者叫筹展组，由业务部门、展览部门相关人员组成，负责收集整理和研究与展览主题、内容有关的材料。

2. 整理。由专门人员负责展品、辅助展品等形象资料的收集、整理。

3. 设计。一是做好展览内容文本策划设计；二是做好展览空间规划设计；三是做好展览形式构思与设计。

4. 制作。做好展览的制作与布展。

5. 资金。一个博物馆能否保证展览资金，是其能否办好展览的重要因素。

6. 时间。尊重展览工程的科学规律，一定要留出合理的时间，高质量地完成展览工作。赶工期，急就章，是不会有

好展览的。

7. 运作。展览工作是一个系统工程，从构思策划、资金筹备、资料整理、大纲编写、空间设计、工程施工、文物提取、展览布陈、广告宣传，到展览开幕，应根据其内在规律进行规范的运作，否则，顾此失彼，展览这台戏也是唱不好的。

只有做好上述七个方面的工作，才能把陈列展览做精做好，保证陈列展览内容的思想性、科学性、知识性、趣味性以及陈列展览形态的艺术性，保证制作工艺和布展的严肃性、展览造价的合理性和展览技术的安全性。如此，展览这台戏才能唱得好，才能引起观众的掌声。

在新的策展理念指导下，故宫博物院在新时代中国特色社会主义下不断建设与发展，实现了质的飞跃，计划至2020年逐渐形成“从南到北，从东到西”的新的“十字框架”式的展览布局。从南至北，即中轴线及东、西六宫。其中，中轴线及西六宫基本为原状陈列，东六宫计划改陈成为宫廷御膳、御茶、御医药的展示。从东到西，即宁寿宫中轴线宫殿改为太上皇宫原状陈列，奉先殿恢复原状，钟表馆移到南群房，毓庆宫恢复为嘉庆朝的原状。2020年完成养心殿大修，待雕塑馆移至北院区后将慈宁宫恢复为皇太后宫。故宫博物院专馆及常设展览规划为：延禧宫作为外国文物展览馆，箭亭为清代武备馆，南群房为钟表馆，珍宝馆改在皇极殿东、西庑。东华门为古建馆。文华殿改为书画馆，武英殿改为陶瓷馆。临时展览规划为：午门及其东、西雁翅楼仍为大展、特展的展厅。内部展览空间提升后，神武门成为故宫博物院又一举办临时大展的展厅。斋宫、诚肃殿将进行内部展示提升，作为故宫博物院举办中小型临时展览的展厅使用。

千里江山——历代青绿山水画特展

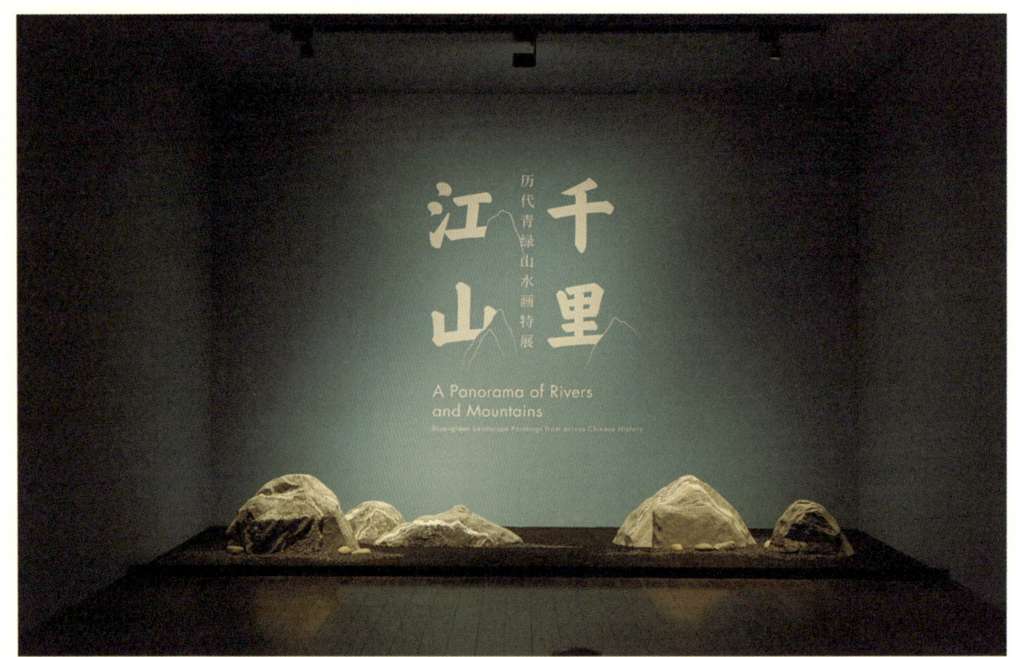

“历代青绿山水画特展”展厅内景观

“千里江山——历代青绿山水画特展”是故宫博物院在2017年举办的年度大展，也是本年度最有社会影响力的故宫展览之一。展览自2017年9月15日至12月14日在故宫博物院午门正殿和东、西雁翅楼展出，共展出文物86件（套），展品以故宫博物院的藏品为主，并展出有上海博物馆、辽宁省博物院和敦煌研究院的藏品。展览以北宋王希孟的《千里江山图》为中心，旨在系统梳理、展示中国历代青绿山水画的发展脉络。

“千里江山——历代青绿山水画特展”的举办具有重要意义。第一，青绿山水是中国山水画的一个重要门类，但是由于元及以后文人画的迅速发展并成为画坛主流，导致通常人们对中国山水画的印象主要是水墨山水，忽视了青绿山水在画史上的地位和价值。系统展示中国古代青绿山水画的发展脉络，有助于人们更全面地理解山水画的概念以及中国艺术的精神。第二，故宫博物院收藏有展子虔《游春图》、王希孟《千里江山图》、传赵伯驹《江山秋色图》、赵伯骕《万松金阙图》等重要作品，在青绿山水画的收藏上有突出优势。借此展览，可以让民众对故宫博物院藏品的

展期：2017 年 9 月 15 日—12 月 14 日
地点：午门正殿和东、西雁翅楼

“历代青绿山水画特展”西马道海报

“历代青绿山水画特展”展柜内布陈

“历代青绿山水画特展”展厅场景

“历代青绿山水画特展”展厅内多媒体展示

《千里江山图》的展示

重要性有直接、具体的认识。第三，故宫博物院经过全面的文物清理，向社会公布了全部藏品的目录。举办青绿山水这样的专门性展览，是系统清理成果的具体体现，也反映了故宫藏品清理、研究的深入化。

展览内容设置共分为五个单元：第一单元，“东晋至宋：金碧辉映”，展示的是青绿山水滥觞、成立至完备的过程。该单元所展均为美术史上的名作，尤其是敦煌莫高窟唐代壁画、展子虔《游春图》、传赵伯驹《江山秋色图》、赵伯驌《万松金阙图》，均为难得一见的珍品。第二单元，“元至明中期：墨色清趣”，展示的是青绿山水与元人画合流的过程，其中的著名作品如胡廷晖《春山泛艇图》、佚名《东山丝竹图》、文徵明《惠山茶会图》、仇英《玉洞仙源图》等。第三单元，“重点单元：千里江山”，主要展示王希孟的《千里江山图》及乾隆宫廷画家王炳、方琮仿作。第四单元，“明晚期至清中期：仿古脱古”，展示的是青绿山水在董其昌“南北宗论”和仿古思想指导下突变的过程，重点展示的是董其昌和清初“四王”的作品。第五单元，“近现代：借古开今”，展示的是青绿山水在西画和西方文化的冲击下转型的过程。

“千里江山”展在形式设计上也极富创意，其最大创新是展厅内外环境的统一连贯，特别注意了展览整体氛围的营造。故宫以往展览的展厅外环境仅仅用来依靠海报、道旗、宣传展板等传统方式对展览进行预热，“千里江山”展则在午门展厅外搭起了气势恢宏、连绵起伏的群山造型。午门正殿及东、西雁翅楼展厅的序厅，分别自南方选取松树、山石及沙砾造景，展厅外景观与展厅内文物相互呼应，从而打造返璞归真的山

布陈《千里江山图》

林石趣，从画中来到画中去。展览以石绿、金、绢三色为主形象色彩，最大限度地抓住王希孟《千里江山图》中用色之精髓。展览前所未有地将自然生态置入整个展览系统之中，在整体场景氛围营造上，遵循道法自然的理念，从视觉形象到展陈设计，再到文创商品及售卖环境，在画作之外，再造一幅自然图景，将参观者带入到中国青绿山水画的自然观感氛围中，使之犹如身临其境，“看见岁月留痕，记得青山绿水”。

“千里江山——历代青绿山水画特展”一经推出即在社会上引起轰动，午门展厅前排起长队，人们不惜花费时间精力就是为一睹“千里江山”的真容。为方便观众舒适观展，减少排队等候时间，故宫博物院特在午门正殿展厅陈列王希孟《千里江山图》期间实行发号分时参观，此举大幅度减少观众排队等候时间，有利于维护整个展厅的观展氛围。为配合展览，故宫博物院还于2017年11月1至3日举办《千里江山图》暨青绿山水画国际学术研讨会，来自中国大陆、中国台湾以及美国、日本、荷兰的43位代表参加了会议。同时，故宫博物院文创团队为推广展览，开发多种青绿山水系列的文创产品，种类涉及团扇、丝巾、饰品、茶具等，受到广大观众的喜爱，有些还作为陈设装饰出现在中央领导人会见外国来宾的国事活动场合。

故宫博物院藏“四僧”书画展

“‘四僧’书画展”展厅入口处

清初“四僧”（以下简称“四僧”）是指活动于明末清初的弘仁、髡残、八大山人、石涛四人。他们的书画以先贤为师，兼容并蓄，既继承先人的绘画思想，又主张抒发个性和创造力，在实践中不断求真、求变。四人虽艺术风格各异，但基于坎坷多折的生活经历，他们的书画作品大多具有强烈、真挚的感情色彩，个性鲜明，艺术面貌独特新颖，在极富艺术内涵的同时，充满了勃勃生机。他们的艺术特色对清代乃至近现代、当代书画都产生了巨大而深远的影响，形成了一大批以“四僧”为师的书画家群体。

展览的展品数量为历次“四僧”相关主题展览之首，多达 81 件（套），总计 163 件，以时代为序，力争通过丰富的作品展示，将“四僧”最为典型的书画面貌展示给观众，使观者能够对“四僧”的书画艺术获得较为全面的认识。整个展览共分为四个单元：第一单元“疏淡清寂——弘仁”；第二单元“苍浑幽邈——髡残”；第三单元“圆融冷逸——八大山人”；第四单元“纵肆清奇——石涛”。为使广大观众更深入地了解“四僧”的书画艺术，本次展览在四人的名称选择上，以其画史习称、最具知名和主要款署名称为原则，未使用较为冷僻的僧名。

从“四僧”展开始，故宫书画展览在形式设计上进行了大胆的革新及改变，打造此类专业性较强专题展时，不再局

展期：2017 年 5 月 6 日—6 月 28 日
地点：武英殿

“‘四僧’书画展”展厅内景观

“‘四僧’书画展”展厅场景（一）

限于某一类别文物的简单摆放，比如“四僧”展这样的书画类专题展览，书画类文物固然是展览的主体，但展品却并不限于书画。为了营造文人雅士的氛围，特别在展柜中增加了盆景、奇石、文玩摆件等辅助展品。

本展览最大的特色是在轴线上搭建场景，营造出三个小空间，成为参观中可以驻足停留的节点，为展览增添叙事的成分。展厅入口处有“四僧”书法签名配以奇石。前殿打造僧房场景，中心设有画案，右为禅椅、古琴，左有供桌、佛龛，画案前置一根雕与盆景，画案对面是一扇落地“窗”，透出自然光。“窗”的对面是僧榻与花几，半围合的空间增加了私密感，体现静心修行之意。后殿正中，搭建文人月下抚琴的场景。观众从过廊处往后殿遥望，好似从近山眺远山，云雾中一轮明月，奇木琴桌与仲尼式冷石古琴，完全是虚构的画面。站在近前，潇湘云水之曲与黄山奇景相配，“四僧”孤寂之心绪便投射在观者心中。同时，展览还引进现代艺术的呈现手法，邀请插花艺术家制作花艺作品分别放在展厅入口、僧房与抚琴的空间里，枯木生花，以表现“四僧”的精神世界。

“四僧”展的形式设计以叙事手法全方位地表现主题，使展览有了丰富的精神内涵，从而改变了以往书画展的千篇一律、枯燥乏味，而“四僧”展清新淡雅的书院风也奠定了本年度故宫书画展的整体调性。

"'四僧'书画展"展厅场景(二)

赵孟頫书画特展

“赵孟頫书画特展”海报

赵孟頫（1254—1322）是元代著名画家、书法家，字子昂，号松雪、水精宫道人，吴兴（今浙江湖州）人。宋宗室。入元出仕，累官至翰林学士承旨、荣禄大夫，卒赠魏国公，谥文敏。作为元代的艺坛领袖，素有博学多闻、操履纯正、文辞高古、书画绝伦、旁通佛老之誉。对于书画，赵氏用力最勤最深，就绘画创作的表现形式明确提出“书画本同”“以书入画”的艺术观点；针对南宋笔法大坏的颓势书风以“托古改制”的方式加以扭转，其倡导的艺术主张对中国艺术史的贡献尤为卓著。赵孟頫书法楷、草、行、隶、篆诸体兼擅，绘画山水、人物、花鸟、鞍马、竹石皆精，是中国艺术发展史上无可争议的艺苑大师。赵孟頫不仅与其身边的诸多文艺家共同开创了元代书画的时代新风，更对后世艺苑产生了深远的影响。展览先后展出的100余件书画，以故宫博物院藏品为主，另有上海博物馆（7件）与辽宁省博物馆（1件）藏品。展览以赵孟頫的书法、绘画作品为核心，较为全面地呈现出赵孟頫书画的艺术渊源、其在艺术领域取得的卓越成就以及对后世的影响，并期望将与之对应各个时代的艺术万象呈现出来，以飨世人。

展览依次分作“溯本清源——赵孟頫的艺术渊源”“书画交辉——赵孟頫的艺术成就”“松雪遗韵——赵孟頫的艺术影响”“云泥有别——赵孟頫书画辨伪”四个部分，将赵孟頫的书法、绘画作品作为核心，将给他的书画创作以启迪、受到他的艺术观念与技巧引领的艺术家们的佳作为外缘，通过诸多数百年前的艺术佳作，多层次、多角度地呈现赵孟頫超迈群伦的书画成就，并勾勒出其艺术的渊源和对后世的影响，从而让观众们全方位地了解这位大师的艺术面貌，透过作品感受他迥乎常人的艺术

展期：2017 年 9 月 6 日—12 月 5 日
地点：武英殿

“赵孟頫书画特展”展厅入口

“赵孟頫书画特展”展柜内盆景装饰

观众参观“赵孟頫书画特展”

天分、雍容闲雅的笔墨逸韵。

在形式设计上展览选择了青绿色基调，定位为“褪琐细浓艳，返质朴山林”，表达赵孟頫的归隐心情。展厅中运用竹、石、模仿自然的光影等设计语言与要素，力求对赵孟頫归隐情思做出最佳的阐释与解读。序厅中，为模拟赵孟頫内心世界，在前言墙上营造了竹影斑驳的意境。武英殿正殿中设计师打造了一处山中书房的景观，其意象来源于文人画中的书房，除了四根结构立柱，墙壁再无硬性遮挡，写意的门扇组成墙面，透出从室内散发开来的微光，可见书房主人对自然没有丝毫的退避，正如屋内唯一实体遮蔽——屏风的画心也被《万松金阙图》中雄魄松石所占据。屋内的布置则刻意营造着种种“不经意”，不对称摆放的家具能让观者嗅到生活的气息。后殿正中的设计取材于赵孟頫的经典之作《红衣罗汉像》，盘坐于树下青石上的红衣罗汉经过特殊处理，人物稍稍从画面中突出，青绿环境中的红色袈裟仿佛被微风轻扯，浮翠流丹，分外夺人眼球，身后圆光亮起，极具视觉冲击力。为配合展览，同时开发有浴马图水晶镇尺、洛神赋水晶镇尺等文创产品。

“赵孟頫书画特展”书房景观

“赵孟頫书画特展”之“红衣罗汉”景观

紫禁城与“海上丝绸之路”

“紫禁城与‘海上丝绸之路’”展厅入口

展览是为配合北京召开“一带一路”国际合作高峰论坛而举办的特展。古老的“丝绸之路”打开了中国对外往来的路径。宋元以降，中国的瓷器、茶叶、丝绸等特产，通过以中国东海、南海港口为起点的“海上丝绸之路”销往海外，随帆远播，加强了中国与东亚、东南亚、西亚、北非等地的友好往来。随着15世纪大航海时代的到来，中外贸易与文化交流更加频繁，销往海外的中国特产深受各国人民的喜爱和追捧，同时出现了根据国外要求来样加工制作的产品。与此同时，域外的科学思想、工艺技术、仪器、医药以及香料、宝石等也漂洋过海，源源不断地输入中国，其中一些通过各种渠道进入宫廷，融入王朝政治和宫廷日常生活，甚至对宫廷艺术产生影响。

“海上丝绸之路”将中国与世界联系在一起。本展览系故宫博物院首次利用院藏品举办的反映“海上丝绸之路”的大型展览，共展出与“海上丝绸之路”有关的各类文物珍品140件（套），包括陶瓷、书画、图书、玉器、金银器、珐琅器、钟表、科学仪器、武备、家具等门类。这些文物主要来源于明清两代贡使往来的礼品、外国传教士带来的礼物、臣属的进献、宫廷采购与定购、奉旨由宫廷或地方作坊仿造的舶来之作等，集中反映了明清两代与外部世界的交流与互动。

展期：2017 年 5 月 9 日—8 月 13 日
地点：午门西雁翅楼展厅

“紫禁城与‘海上丝绸之路’”展品（一）

“紫禁城与‘海上丝绸之路’”展品（二）

展览共分三部分：

第一部分为“扬帆远播”。主要讲述明、清宫廷通过“海上丝绸之路”向域外输出的产品。一部分为中国对外输出的瓷器，另一部分为同类于宫廷赏赐品的输出文物。中国瓷器作为代表性产品远销亚洲、欧洲、非洲等地，成为全球化贸易商品，流通于世界各地。一方面，中国瓷器改变了东南亚、南亚人以蕉叶、木器、陶器为饮食用器的习惯，被亚洲许多地区人民视为聚会餐食中的上乘用器，被欧洲贵族视为身份的象征，被竞相购买和拥有；另一方面，中国瓷器引发了日本、荷兰、德国、英国、法国、意大利等国竞相仿制。清宫留下的物品中有大量当时赏赐给各国使臣及传教士的同类礼品，这些礼品有些是由宫廷造办处制作，有些是由各地臣属敬献，通过皇帝赏赐的方式向域外传播。它们经由“海上丝绸之路”传入欧洲并大受追捧，以至于在欧洲刮起强烈的中国风，影响深远。

第二部分为“西风东渐”。主要展示与西方科学知识有关的图书、钟表仪

“紫禁城与‘海上丝绸之路’”展品细节

器、医药等方面的文物。明清时期，西洋传教士和有技艺特长之人长期供职于中国宫廷，反映西方科学和文化的物品也大量进入宫廷，宫中到处闪现西洋奇器的身影，构成中国明、清宫廷独特的西洋景观。种类多样的西洋物品既反映出当时西风东渐以及中国融入世界的历史脚步，也承载着中国宫廷内中西科学和艺术持续接触、碰撞以及不断交流、融合的历史进程。

第三部分为“交互参酌”。西方文化在中国宫廷内的应用，主要表现在工艺原料和技法的输入、造型和纹饰的接纳、西洋绘画在宫廷中的传播等方面，此乃西风东渐在明、清宫廷进一步扩展的结果。而西方王室贵族将房间装饰成中国风格，刮起崇尚中式建筑的中国风，则是东风西渐的体现。这些文物为我们打开了一道历史之门，为我们见证了“海上丝绸之路”不仅是一条商贸航线，更是联系古代中国与世界文明的纽带。这种往来和交流，体现出当时最高层次的文化碰撞，也是王朝政治和宫廷日常生活的一部分。

“紫禁城与‘海上丝绸之路’”展厅场景

展览的形式设计将主色调定为深蓝色。在宛如浩瀚大海般蓝色的故宫博物院午门西雁翅楼展厅，仔细观赏一件件精美的展品，眼前仿佛浮现出当年中外使臣执节往返、宗教信徒越洋传教布道、满载新奇货物的巨舶在茫茫大海上远航的景象，使人不禁有穿越时空之感。当年的盛况虽不能再现，但留存下来的遗物，却成为那段历史的见证。

“紫禁城与‘海上丝绸之路’”展厅内多媒体水晶球

适逢“一带一路”国际合作高峰论坛即将在北京举办之际，“海上丝绸之路”特展使昔日的皇宫——紫禁城与“海上丝绸之路”的文明交相辉映于承载中华文明厚重历史的故宫博物院，当具有重要的现实意义和深远的历史意义。

畅音阁戏曲馆改造工程

畅音阁戏曲馆内戏曲图像装饰

畅音阁戏曲馆，位于乾隆皇帝为自己养老修建的太上皇宫中，由畅音阁（戏楼）、扮戏楼（后台）和阅是楼（观众席）组成一个完整的清代宫廷“大戏院”。畅音阁，原专为重大节庆演戏时所用，始建于明永乐十八年（1420）。今天人们看到的畅音阁建于乾隆三十七年（1772），嘉庆七年（1802）和光绪十七年（1891）先后进行过修缮，是清代乾隆时期所建保存至今的唯一一座三层大戏台。历史上曾经有五座三层大戏台，其中圆明园的同乐园戏台毁于咸丰十年（1860），紫禁城内寿安宫戏台于嘉庆四年（1799）拆除，避暑山庄清音阁戏台1945年毁于火灾，目前三层戏台仅存乾隆时期的故宫畅音阁戏台和光绪十六年（1890）兴建的颐和园德和园戏台。

畅音阁和阅是楼区域在1944年曾举办“戏剧陈列”，1949年举办“阅是楼原状陈列”，1950年举办“清代宫廷戏曲资料展览”，1983年成为戏曲资料陈列馆，2004年举办“清宫戏曲展”。

2017年的戏曲馆提升改造，着力强调宫廷戏曲的独特性，彰显畅音阁建筑的“大剧场”特色，通过新的参观流线设计，将扮戏楼纳入展览，贯通扮戏楼、畅音阁、阅是楼三个空间，令观众一睹剧场全貌。扮戏楼改造为戏曲文物展厅，首次打开后台的地下室入口，通过地下空间展示畅音阁独特的“音响设备”（共鸣地井）、“舞台机械”（辘轳和水井）和三层大戏楼寿台、禄台、福台巧妙的机关设置，牵引出畅音阁戏台演出的大量特殊剧目。扮戏楼通过两侧廊道连通阅是楼观众席，通过廊道墙面戏曲图像装饰，烘托观戏氛围，同时在廊道和阅是楼设置茶席，为观众提供舒适的看戏空间，并计划逐步在畅音阁恢复宫廷戏曲剧目演出，让文物真正活起来。宫廷戏曲馆的展览特色在于不强调文物展陈数量，而强调把观众更多的视线引导到

展期：2017 年 11 月起
地点：畅音阁

畅音阁戏曲馆改造后

舞台上，通过演员穿着和使用各类宫廷式样的戏曲文物复制品，让通常陈列在展柜里的文物动起来，同时通过地下室强调畅音阁戏台的独特，让各种机关在戏曲演出中使用上，实现动态的宫廷原状展览。

畅音阁戏曲馆在 2017 年 9 月 19 日的太和论坛和 2017 年 11 月 8 日习近平主席夫妇与来华进行国事访问的美国总统特朗普夫妇在我院进行的文化交流活动中承担了重要接待任务，沉睡百年的畅音阁再次恢复了戏曲演出，彰显了我泱泱大国的盛世华章。

景德镇御窑遗址出土与故宫博物院藏传世弘治、正德瓷器对比展

展厅外宣传海报

此展览是继“传世洪武、永乐、宣德瓷器对比展”“传世成化瓷器对比展”后，明代御窑瓷器对比系列展中的第三个大型专题瓷器展。

明代弘治（1488—1505）、正德（1506—1521）时期处于15世纪与16世纪之交，是明代社会、文化变迁的分水岭，明代社会开始由之前的保守、沉闷逐渐走向革新、活跃，表现在社会风气上，最突出的是淳厚朴实之风逐渐消失，人们开始变得崇尚钱财、追求财富。由于这两朝景德镇御器厂烧造的御用瓷器具有一定共性，如生产规模均相对缩小，品种都急剧减少，装饰风格也都相对朴素，因此，特将这两朝瓷器一同展出。展览共分五个单元，分别为“清新优雅——青花、釉里红瓷器”“轻盈秀丽——五彩、斗彩瓷器”“色彩缤纷——杂釉彩、素三彩瓷器”“均匀纯正——颜色釉瓷器”“影响深远——后仿弘治、正德朝御窑瓷器”。共展出文物和标本约160件（套），其中一多半展品均为首次公开展出。观众可以通过这些展品领略弘治、正德朝景德镇御窑严格的瓷器拣选标准和这两

展期：2017 年 9 月 29 日—2018 年 2 月 28 日
地点：斋宫、诚肃殿

朝御窑瓷器烧造所取得的高度艺术成就。统观明代景德镇御窑瓷器，弘治、正德朝产品虽不如永乐、宣德、成化朝产品名气大，但亦算得上是品质精良、不乏精品，其中有的品种颇具特色。弘治朝御窑瓷器艺术风格延续成化朝御窑瓷器，仍以造型俊秀、胎体精细、釉质温润、装饰文雅而著称于世。目前统计弘治朝景德镇御器厂所烧造瓷器品种大约有 16 个，几乎只有前朝成化所烧造约 29 个品种的一半，其中尤以浇黄地青花瓷、白地绿彩瓷和浇黄釉瓷器等取得的成就最高，最受世人称道。尤其是浇黄釉瓷器，温润如鸡油，色泽娇嫩，博得“娇黄”之美称。

正德皇帝朱厚照在位 16 年，是明代近 300 年历史中最能闹腾的一位皇帝，被认为是一位昏庸、荒唐、不正常的皇帝。朱厚照即帝位后，曾下令翌年改元以后暂停景德镇御器厂烧造瓷器两年，但不久即恢复烧造。正德朝是明代景德镇御窑瓷器发展史上一个承上启下的转折点，主要表现在逐渐摆脱了成化、弘治朝御窑瓷器胎体轻薄、造型较少、装饰疏朗等特点，而变得器物胎体趋于厚重、造型逐渐增多、装饰偏向繁缛等。正德朝御窑瓷器品种多达 20 多个，少于成化朝，但多于弘治朝，其中尤以孔雀绿釉青花、素三彩、孔雀绿釉瓷等取得的成就最高、最受人瞩目，堪称傲视明代御窑瓷器的名品。

展览在形式设计上一改以往陶瓷展色彩的单一沉闷，大胆采用较为明亮的色彩作为展览主题色。斋宫展墙贴中黄色壁纸，展柜内部背板和展托用黄色衬布包裹，与弘治浇黄釉瓷器色彩相呼应。诚肃殿展墙贴天蓝色壁纸，展柜内部背板和展托用蓝色衬布包裹，与正德青花瓷器色彩相呼应。为了产生色彩统一的效果，本次展览还把探头、对射仪等红色安防设施也涂成黄色或蓝色。为丰富展览主题，斋宫入口处搭建花窗屏风，选用仇英《汉宫春晓图》局部画面做主形象，营造明代宫廷氛围。诚肃殿入口处搭建花窗屏风，选用正德青花庭园侍女套盒局部图案，与斋宫主形象前后呼应。斋宫、诚肃殿室外的窗户装饰了展板，一方面在展厅外部营造氛围，另一方面弥补古建筑过于陈旧的不足。室内的展览装饰图多用线描图形式表现皇帝画像、太和殿、龙珠阁、陶瓷器型等，目的在于弱化设计感，突出展品的美。展厅内部搭建龙骨结构展墙，起到整合空间、控制光源的作用，还将藻井与毗卢帽照亮，使之成为展览装饰的一部分，突出了故宫展厅特色。

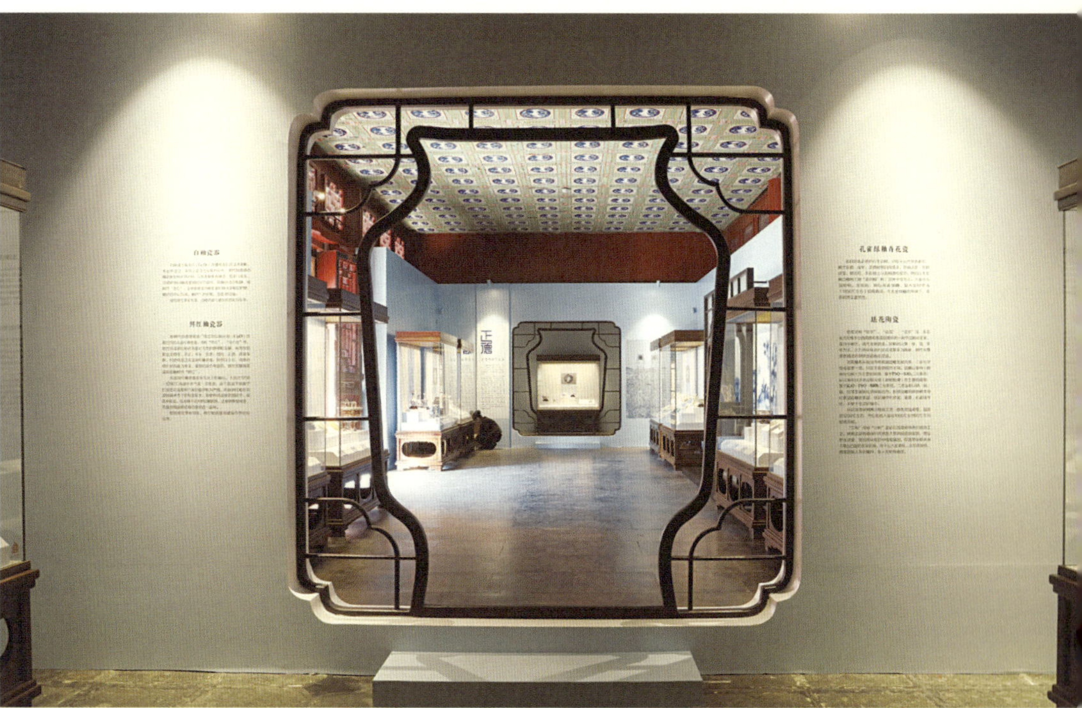

正德

展厅场景

哥窑瓷器展

“哥窑瓷器展”展厅入口处景观

故宫博物院自2010年至2015年先后举办了官窑、定窑、钧窑、汝窑特展后，2017年于延禧宫西配展厅推出“哥窑瓷器展”。传世哥窑瓷器一般胎色较深，釉色有青灰、米黄等，釉层厚如堆脂，釉质润泽如酥。釉面常开有大小、深浅不同的裂纹，俗称“金丝铁线”。造型除碗、盘、洗外，其他多为仿商周青铜礼器，如鼎式炉、簋式炉、贯耳瓶等，给人以古朴典雅之美感。新中国成立以来，在对一些古代墓葬、窖藏和瓷窑遗址开展的考古发掘中，出土了一些青釉带开片的瓷器，为进一步厘清哥窑相关问题提供了重要参考。“哥窑瓷器展”分为三个单元：第一单元，“累世遗珍——传世和出土哥窑、哥窑型瓷器”，展示故宫博物院收藏的传世哥窑瓷器、出土哥窑型瓷器和外借出土哥窑型瓷器；第二单元，“窑址之谜——哥窑与老虎洞窑、龙泉窑的关系”，展示龙泉窑、老虎洞窑出土的类哥窑瓷器标本；第三单元，“余韵绵长——哥窑瓷器对后世的影响”，展示明、清两代仿哥窑（釉）瓷器。本展览以展示故宫博物院藏传世哥窑和仿哥窑（釉）瓷器为主，辅以浙江省龙泉市小梅镇大窑村及小梅镇中心

展期：2017 年 11 月 10 日—2018 年 9 月 16 日
地点：延禧宫古陶瓷研究中心展厅

“哥窑瓷器展”展品（一）

“哥窑瓷器展”展品（二）

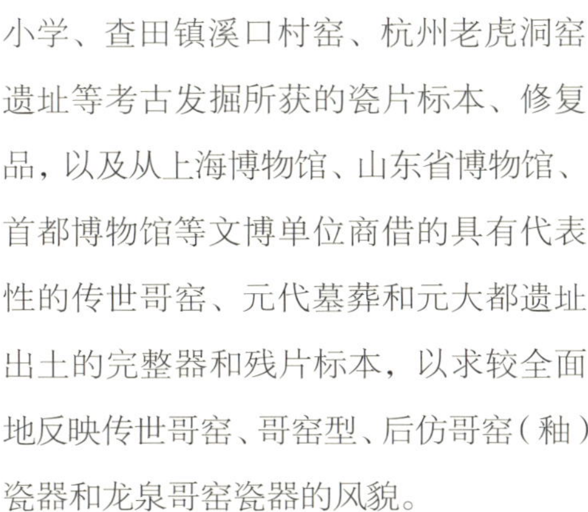

小学、查田镇溪口村窑、杭州老虎洞窑遗址等考古发掘所获的瓷片标本、修复品，以及从上海博物馆、山东省博物馆、首都博物馆等文博单位商借的具有代表性的传世哥窑、元代墓葬和元大都遗址出土的完整器和残片标本，以求较全面地反映传世哥窑、哥窑型、后仿哥窑（釉）瓷器和龙泉哥窑瓷器的风貌。

为配合展览主题，营造出清新素雅的氛围，展厅内用浅灰蓝色为主色系，该颜色取材于一件哥窑瓷器的釉色。展柜外壁、遮光罩、内部背板、展托、说明牌、展板和外部墙壁等都统一到这个颜色里。展厅入口处是展览形式设计的一大亮点，墙壁喷绘金丝铁线纹饰，用 LED 灯带发光效果烘托氛围，玻璃钢翻模枯树、案桌和蒲团场景营造宋元文人意境，枯树枝杈与金丝铁线形状相呼应，同时展厅内五个独立展柜上方安装泛光灯，并装饰以金丝铁线图案灯罩，切合展览主题。展厅播放古琴音乐，营造参观氛围，同时，为了增强展览的趣味性，每个小单元开头或结尾处用故宫藏文房四宝文物设计迷你场景，打破了单纯展示瓷器的乏味感。其中一套乾隆时期的仿哥窑象棋子放在棋盘上展出，摆放形式参考了一个经典棋局。如此陈列方式贯彻了让文物会说话、让文物活起来的理念。展览出口处参考故宫重华宫内景搭建了隔扇、仿古门和御座，选用清式炕桌为道具，桌上摆放高仿哥窑瓷器。御座场景内部还贴了仿古“卍”字壁纸，观众可坐在此御座上体验清代宫廷的哥窑瓷器陈设，并可坐在御座上拍照留念。

清宫陈设

故宫博物院收藏的传世哥窑瓷器以清宫旧藏为主，它们或是经前代宫廷传承下来，或是在清代帝王的主导下搜集入宫。其特点是流传有绪、自成体系，有些更是出类拔萃的罕见之作，其价值和意义无可替代。

“大运瓷器”

“哥窑瓷器展”展品（三）

天禄永昌——故宫博物院藏瑞鹿文物特展

“瑞鹿文物特展”展厅场景（一）

继2016年成功举办牡丹和菊花题材文物展后，故宫2017年延续“实物+文物”的展览思路，与承德合作举办了瑞鹿题材文物展。

在宫苑御囿中养鹿之习，古已有之，在周文王的灵囿中，水草肥美，鹿鸣呦呦。故宫御花园在清代亦曾养过鹿，鹿苑在今故宫御花园西南，还有一座高台名“观鹿台”，台下尚存有一道半圆形的鹿圈围栏地基遗址。鹿苑与御花园东南角的鹤圈形成鹤鹿同春的景观。

在清代，每年夏末秋初，白露前后，皇帝亲率王公大臣、八旗勇士千余人至木兰围场进行狩猎活动，其中一项非常重要的环节就是哨鹿，哨鹿即满语“木兰”：天刚蒙蒙亮，在晨雾笼罩的树丛中，哨鹿人头顶鹿角，身披鹿皮，肩扛鹿哨，吹出了一阵阵惟妙惟肖的雄鹿声，吸引来了雌鹿，还有其后尾随的雄鹿，一场盛大的狩猎活动开始了。“木兰秋狝”自康熙皇帝设立木兰围场之时起，渐成定制，于乾隆、嘉庆两朝成为必行遵从的祖宗家法与国家礼制，以狩猎的方式，娴熟骑射，整饬武备，怀柔蒙古，巩固边疆。

本次展览分为两个场地，慈宁宫花园是活鹿的展示。故宫博物院与承德市

展期：2017 年 9 月 26 日—2018 年 7 月 1 日
地点：永寿宫、慈宁宫花园

“瑞鹿文物特展”展厅场景（二）

文物局合作，特地从避暑山庄挑选 9 只活鹿，出没于慈宁宫花园之中，以为祥瑞，让人们在欣赏精美的文物的同时，一睹瑞鹿的仙姿。此举不仅补充了展览内容，也给观众带来了新的感受。永寿宫举办“天禄永昌——故宫博物院藏瑞鹿文物特展”，从书画、玉器、瓷器、珐琅、竹木牙雕、家具等文物种类中遴选出 69 件精美的鹿文物供观众参观。

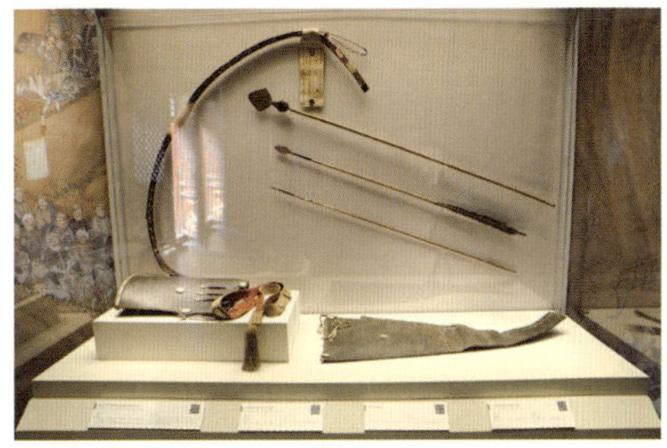

“瑞鹿文物特展”文物

展览以褐色为主色系，前厅中以描绘木兰秋狝题材的郎世宁画《弘历哨鹿图》为展厅背景，令观众仿佛回到了深秋的木兰围场，沉浸在清代木兰秋狝的威武之气中。后殿以瑞鹿文化为代表的祥瑞之福为主题，《三星图》、湖色缎绣折枝花云蝠金鹿纹二变男帔等色彩明艳的文物以及鹿题材的各种器物，令展厅中仿佛瑞鹿降临，充满从容宽闲、和气致祥之气。

茜茜公主与匈牙利——17—19 世纪匈牙利贵族生活展

“17—19 世纪匈牙利贵族生活展”展厅入口

匈牙利是一个位于欧洲中部的美丽国家，西傍阿尔卑斯山，东接喀尔巴阡山，蓝色多瑙河像一条飘带蜿蜒流经这片土地。匈牙利不仅自然景观独特，令人心驰神往，而且历史悠久，文化多样。17—19 世纪，欧洲历史上著名的哈布斯堡家族几乎统治了匈牙利全境，并最终渗透到了其经济、文化、军事、日常生活乃至宗教信仰等方方面面。

伊丽莎白·阿玛莉亚·欧根妮，又名茜茜公主，是奥匈帝国历史上的一位杰出女性。她的美丽形象、浪漫气质、人生经历和传奇故事可谓家喻户晓。她于 1854 年嫁入显赫的奥地利哈布斯堡家族，成为弗兰茨·约瑟夫一世的皇后，并在她的努力下，形成近代历史上的奥匈帝国。茜茜公主的一生传奇而丰富，她喜欢旅行、音乐、诗歌，她同情匈牙利人民的独立运动，因而受到匈牙利人民的欢迎和爱戴。展览第一部分专门陈列伊丽莎白皇后部分物品，娓娓讲述着她传奇而又令人叹息的一生。作为中国与匈牙利两国文化交流的桥梁，宏伟壮丽的紫禁城迎来了体现这一时期风貌的珍贵历史文化遗产，开启了一次跨越时空的文化际会。本次展览分 5 个视角回望那个时代，共向观众呈现 149 件（套）珍贵文物，均来自匈牙利国家博物馆。匈牙利国家博物馆是匈牙利最早建立的、藏品最丰富的博物馆。“茜茜公主与匈

展期：2017 年 9 月 27 日—2018 年 1 月 3 日
地点：神武门

“17—19 世纪匈牙利贵族生活展”展厅场景（一）

“17—19 世纪匈牙利贵族生活展”展厅场景（二）

牙利——17—19 世纪匈牙利贵族生活展”来到中国是一次联合巡展，本阶段在故宫展出。

“茜茜公主展”是神武门展厅改造后的首个展览，形式整体设计参考 17—19 世纪欧洲建筑风格以及在匈牙利的王室中兴起的巴洛克艺术，拱圈、线脚等具有代表性的元素作为整个展览的设计语言。主色调参考欧洲宫廷常见的红色结合故宫的绛红色，体现东西文化的际会，选用靠近二者的深红色，墙面装饰选用金色，表现茜茜公主皇室身份之尊贵，通过金、红撞色搭配，烘托出整个展览雍容华贵的氛围。在空间设计上，边柜选用不同尺度的线脚框来对展品进行区分，使观众的视觉游览更有节奏；把通柜中大量的展品列入其中，防止视觉疲劳，有效吸引观众注意力，同时也将重点展品和普通展品划分得更清晰。中心展柜设计结合欧洲的“镜廊”，并对其进行抽象化处理，其中放置展品，让观众具有身临其境般的亲切观感。

“17—19 世纪匈牙利贵族生活展”展厅场景（三）

我的家在紫禁城

观众参观“我的家在紫禁城”展厅场景

“我的家在紫禁城”是故宫博物院与香港康乐及文化事务署共同举办的教育出版主题展览，也是故宫第一次以面向广大青少年儿童宣传故宫文化和传统文化为宗旨的展览。展览分为四个部分。第一部分为“游宫院”。在这里，将会发现皇家宫院和建筑的特点，可以触摸到每一根柱子的记忆、感受井亭天地的生活痕迹，了解吉祥缸的作用。第二部分为“看宫殿”。紫禁城是世界上最大的木构建筑群，皇宫中的一砖一瓦，都凝聚着无数工匠的汗水和智慧，他们通过“八作”建设成一座座金碧辉煌的宫殿。第三部分为“皇家树”。后宫是皇帝的家，皇家是个大家庭，像一棵大树，皇帝是主干，宫眷是枝叶。皇家平日起居生活有很多宫内规矩，还有很多保卫皇宫的侍卫。第四部分为“动起来”。自 2012 年故宫博物院与香港特别行政区政府康乐及文化事务署签署合作协议后，每年均举办广受欢迎的大型展览。其中包括 2012 年“颐养谢尘喧——乾隆皇帝的秘密花园展”、2015 年“西洋奇器——清宫科技展”、2016 年“宫囍——清帝大婚庆典展”以及 2017 年“八代帝居——故宫养心殿文物展”“万寿载德——清宫帝后诞辰庆典展”及“故宫全接触”教育推广计划。此展区遴选了以上展览的多媒体动画内容与观众分享。

展期：2017 年 7 月 18 日—2018 年 5 月 13 日
地点：景仁宫

“我的家在紫禁城”展厅场景

“我的家在紫禁城”展厅内游人

浴火重光——来自阿富汗国家博物馆的宝藏

“来自阿富汗国家博物馆的宝藏”海报

“来自阿富汗国家博物馆的宝藏”文物细部

2016年10月，世界古代文明保护论坛在故宫博物院成功举办，与会代表共同发起旨在促进人类文明保护与发展的《太和宣言》。会后，故宫博物院为保护流落海外、原收藏于阿富汗国家博物馆的国宝而特别举办“浴火重光——来自阿富汗国家博物馆的宝藏”展，此次展览既是具有传奇色彩的阿富汗文物首次在故宫博物院展出，又是故宫博物院履行《太和宣言》的实践。

阿富汗有着5000多年的悠久历史和灿烂多姿的古代文明。中阿两国交往历史悠久，汉代张骞第一次出使西域即到达了阿富汗，横贯欧亚的“丝绸之路”更是密切了两国的交往。1978年，考古学家维克托·萨瑞阿尼迪在阿富汗北部蒂拉丘地发现了数座古代墓葬，出土了古代黄金制品21 618件，其年代可以远溯到公元前327年，被称为当今世界最伟大的考古发现之一。

阿富汗国家博物馆始建于1919年，是阿富汗最大的博物馆，曾经拥有10万件以上的珍贵文物。虽然历尽硝烟，但有识之士一直勇敢而智慧地守护着这批人类的珍贵遗产。此次故宫博物院与阿富汗国

展期：2017 年 3 月 17 日—6 月 17 日
地点：午门东马道展厅

“来自阿富汗国家博物馆的宝藏”展品（一）

“来自阿富汗国家博物馆的宝藏”展品（二）

“来自阿富汗国家博物馆的宝藏”展厅场景

家博物馆联合举办展览既是中阿文化交流的盛事，也是古文明交流传承的坚实脚步。

本次展览精选 231 件（套）来自异域的珍贵藏品，以考古学意义上的发现地点为主线向观众展示公元前 3 世纪至公元 1 世纪的阿富汗历史风貌。这是阿富汗历史上最具活力的时期，其中包括“丝绸之路”贸易的起始阶段。但同时，一些法罗尔丘地出土的早期文物又体现了阿富汗青铜时代的文化特性。通过展览，观众不仅能够赏析奇异珍宝，领略丝路文化，更能深入了解阿富汗多样化的历史与文化。

尚之以琼华——始于18世纪的珍宝艺术展

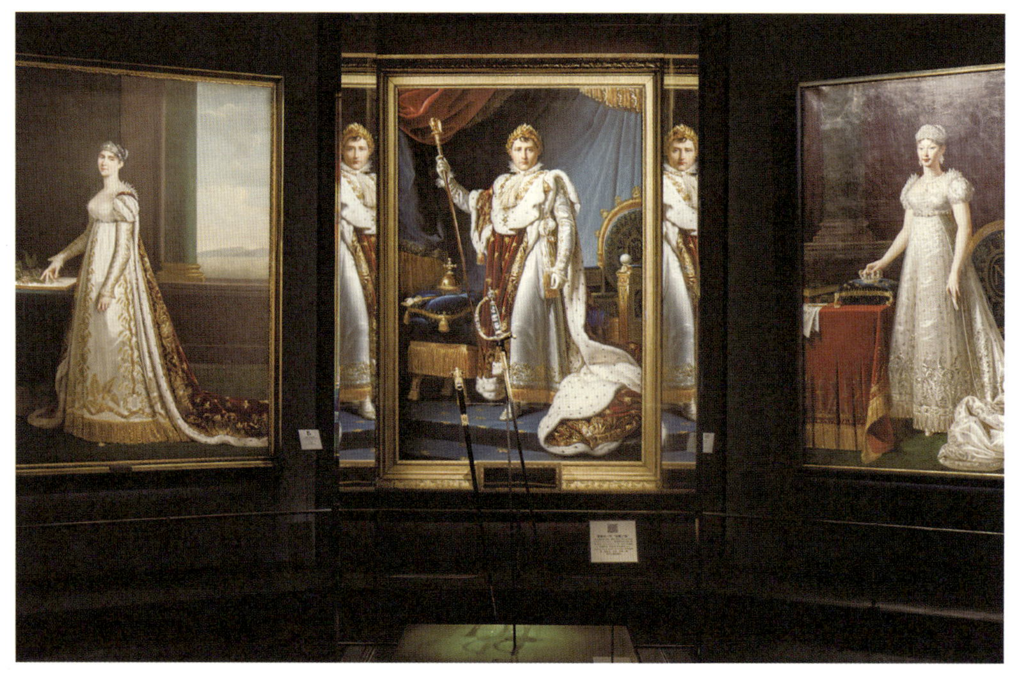

“始于18世纪的珍宝艺术展”展厅场景（一）

展览由前罗浮宫主席暨馆长亨利·卢瓦耶特作为策展人，共展出300余件艺术杰作，大量18世纪末至21世纪初的尚美巴黎珍宝、绘画以及各式艺术品将贯穿其中，展现了拿破仑一世、约瑟芬皇后以及当时许多欧洲君主等历史人物故事，正如故宫博物院院长单霁翔所说：“历经社会变革与时尚演进、王朝兴衰与危机战乱，尚美的精湛技艺世代相传，人们在观赏这些精美的珠宝艺术品时，更应为其中卓越的‘工匠精神’所打动。”重要的展品包括拿破仑登基的“加冕之剑”、为玛丽－露易丝皇后设计的麦穗钻冕以及法国珠宝史上最具代表性的钻冕作品——“波旁·帕尔玛”金钟花钻冕（是海德薇·德·拉·罗什富科和西斯德·波旁－帕尔玛王子的结婚贺礼）。

并非所有时间历练的至美都可传世；并非所有工艺非凡的珍宝均为艺术。为完美呈献这一中法交流、艺文共通的展览，含故宫博物院在内的全球17家顶级博物馆首度联袂，确立了该展独特的历史、艺术及文化基调。法国罗浮宫博物馆、枫丹白露宫、英国国立维多利亚与艾伯特博物馆等，均提供了一些优秀的借展藏品，其中不乏首次走出法国，甚至首次公开亮相

展期：2017 年 4 月 11 日—7 月 2 日
地点：午门正殿展厅

“始于 18 世纪的珍宝艺术展”展品及多媒体展示

“始于 18 世纪的珍宝艺术展”展品

“始于 18 世纪的珍宝艺术展”的“皇冠”展墙

“始于 18 世纪的珍宝艺术展”展厅场景（二）

“始于 18 世纪的珍宝艺术展”展柜内设计

的艺术珍品；此外，许多藏家也慷慨出借。与此同时，展览还将展出一系列故宫博物院的同类型藏品，参观者可以在欣赏中法卓越艺术的同时，感受到文物中所蕴藏的两种文化的对话交流，惊艳于其中的共通灵感与相互影响。

展览是一个博物馆的脸面，虽然2017年全年展览工作量大，时间紧迫，但在故宫博物院领导和全院各部门同仁的共同努力下，在各合作单位的支持下，故宫博物院的展览在全国博物馆业内产生很大影响，形成一种新的理念，深受广大观众的欢迎。虽然还存在各种客观因素的制约，但在未来的展览工作中，故宫博物院还是要在保护古建筑的同时做到创新，令故宫展览不仅在国内，更要在国际博物馆中占有一席之地。2018年，十余项展厅改造升级工程成为年度展览工作的重点。这一年，故宫博物院的展览迎来新的提升和改变，开放面积进一步扩大，更多的非开放区将被辟为展厅。故宫以“艺术向新”为目标追求，力求在“文化＋”的道路上做出新的尝试，带给观众全新的体验与感受。神武门是紫禁城的北门，该门上面的城楼综合提升后，其温度、湿度以及防沙防尘的功能已经达到现代博物馆的水平，现在作为故宫博物院临时展厅，可以承接国际中小型展览，有效缓解了午门展厅的压力；可以举办现当代书画、工艺大师、非遗传承等展览，面向当代、服务社会。改造后的神武门展厅将继午门展区之后成为故宫博物院第二块重量级展览区域。展厅除了应用专业的博物馆灯光、低反射展柜玻璃、专业恒温恒湿系统和防震系统以外，还新增了二层的面积，大大延长了展线长度，能展示更多的文物内容。武英殿与文华殿展示功能对调，武英殿变为陶瓷馆，文华殿成为书画馆。新书画馆严格量化各类保护文物古建本体与展出珍贵书画类文物的技术指标，并与展示效果达到整体和谐。展厅本身最大限度保留原有天花与地砖，新增加的顶部照明，明亮而柔和地展现展厅的顶部空间。温控系统采用航天科技，以泵驱两相流体回路辅以末端精确配风的控温方式，保证珍贵书画文物的展出安全。展厅内所有设备均为装配式，安装后可逆向拆卸，无损古建。为文华殿展厅量身定制的书画文物展柜，与原先的书画展柜相比，在照度、湿度、环保、安全等方面都有性能提升。此外故宫还开辟南大库家具馆、箭亭清代武备馆、南群房新钟表馆，斋宫、景仁宫、永和宫等展厅也于2018年进行全面改造。随着“原状陈列是重点，专馆展览是特点，临时展览是亮点，年度大展是热点”的展览特色的深化，故宫博物院的各类展览将以更加丰富多元的形式、精彩独特的内容，向社会公众传递故宫文化信息，讲好故宫故事。

铁笔生花——故宫博物院藏吴昌硕书画篆刻特展

“吴昌硕书画篆刻特展”海报

吴昌硕是中国近现代重要的书画家、篆刻家，在艺术上是传统与现代交汇点上坐标式的人物，是承古开今的艺术大师。清道光二十四年（1844），吴昌硕出生在浙江省湖州市安吉县，一生历经道光、咸丰、同治、光绪、宣统数朝，再入民国，卒于1927年，终年84岁。吴昌硕一生名号颇多，初名俊、俊卿，中年后署名苍石、昌石、昌硕，别号有缶庐、苦铁、老缶、缶道人、石尊者、破荷亭长、五湖印丐等，70岁后又署聋公、大聋等。

吴昌硕的艺术创作自金石篆刻入手，对石鼓文书法的毕生探索，成就了吴昌硕的篆书艺术，并且在临学的过程中能够做到食古出新，形成自我面目，独步一时。吴昌硕40岁后方始学画，他用书法的语言刷新了大写意的笔墨，成就了大写意花卉的艺术高峰，他融古开今，博采众长，显示了开放和博学的艺术态度。

吴昌硕生活的时代正是传统艺术走向近现代的关键转折时期，他的作品既有对传统的继承，又吸收了当时社会背景下特有的商业气息和时代精神，形成雅俗兼备的艺术风貌。吴昌硕的艺术在当时即获得极大声誉，影响广泛。吴昌硕的艺术成就对近现代画坛的格局和流变起到了决定性的作用，予后世以深远影响。

故宫博物院现藏有吴昌硕书法、绘画、篆刻作品200余件，作品创作时间跨越40载，涵盖吴昌硕40多岁至去世前不久的各个阶段，时代连续，题材丰富，形式多样，较为全面地呈现了吴昌硕的艺术发展轨迹和渊源脉络。本次展览集合绘画、书法、篆刻三类作品百余件，展示吴昌硕多方面的艺术成就。

展览通过四个单元，分别从吴昌硕绘画的艺术渊源、大写意的绘画风格、交游与影响以及书法篆刻等四个方面，突出表现吴昌硕最具特色的画风和富有生命力的笔墨，展现这位艺术大师开放进取的博大

展期：2018 年 6 月 3 日—8 月 15 日
地点：文华殿

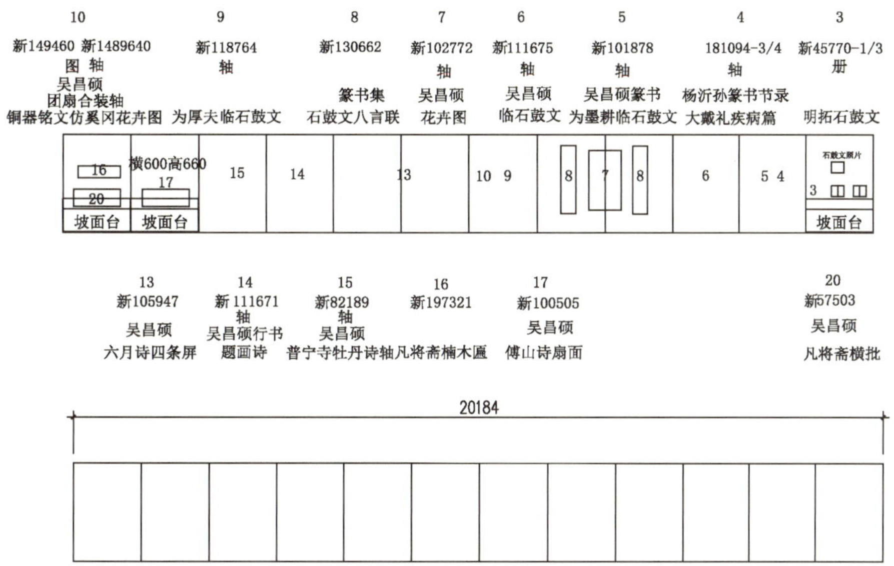

“吴昌硕书画篆刻特展”柜位图

胸怀以及对时代的积极融入。第一单元为“融古开今”，充分发挥故宫馆藏优势，将吴昌硕的作品与明清多位绘画大家的作品同时展出，例如明代陈淳、徐渭，清代八大、李鲜、赵之谦、任伯年等人的作品，与吴昌硕作品进行直观对比，体现吴昌硕对前辈写意花卉技法的继承以及对同时代画家技法的吸收。第二单元“缶庐花香”，展品打破以往以创作年代为序的陈列惯例，以四季花卉为表现主题，选取吴昌硕作品中各季的代表花卉，并穿插一些节令题材，以丰富的画面内容最大限度地展示吴昌硕的绘画面貌和艺术风格。使观众在吴昌硕的大写意世界里品四季轮转，赏花落花开。第三单元“石交传馨”，表现吴昌硕的艺术交往活动，既有吴昌硕与他人的合画作品，也展出了陈师曾、陈半丁、齐白石等受吴昌硕影响的后代大师的作品。第四单元“铁笔柔毫”，集中展示吴昌硕作为诗、书、画、印四绝的艺术大师，在篆刻和书法方面的艺术成就。

此外，雕塑家刘恒甫先生特创作了《梅》《兰》《竹》《菊》四幅具有当代意识的木雕作品，向前辈大师致敬。

此次“吴昌硕书画篆刻特展”的开幕，标志着故宫文华殿书画馆的正式启用。

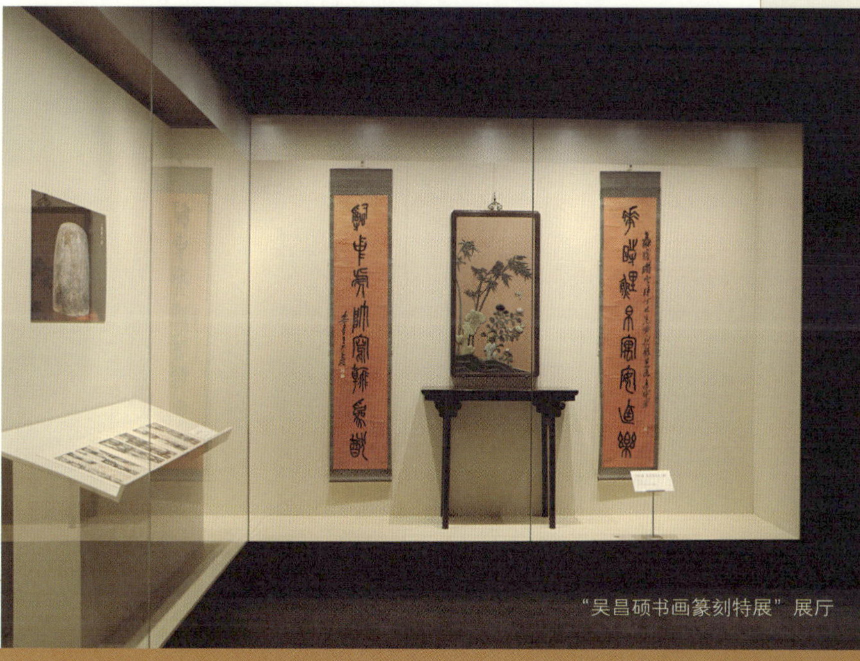

“吴昌硕书画篆刻特展”展厅

清平福来——齐白石艺术特展

“齐白石艺术特展”展厅

齐白石老人是20世纪中国艺术集大成者。诗、书、画、印，山水、花鸟、人物，工笔、写意无一不能。他作品丰厚，荣誉满载，终成一代艺坛翘楚。他出身湖南乡里匠人，痴迷艺术，绘画方面博采徐渭、八大、吴昌硕之长，融前人精粹，取民风自然，独树一帜；篆刻开宗立派，书法卓尔不群，诗词诙谐有趣、自然天成，山水人物构图奇特、不落俗套，花鸟鱼虫水墨淋漓、生动传神。在灿若星河的艺术史上，诗书画印都取得非凡成就者，画笔直面民间成为“人民艺术家”，齐白石老人当之无愧。

齐白石一生作画，巧夺天趣，融人生智慧于其中。他生于乱世，向往太平，晚年常喜以“清平福来”为题，画老翁持瓶、蝙蝠展翅，来表达自己对安定、祥和生活的期许。如今国泰民安，世事清平，再观白石画作，体会老人内心那份朴素的情感，那份对家乡泥土的爱、对祖国山河的爱、对万物生灵的爱，自会别有一番体验。观众在齐白石的作品中，总能感受到扑面而来的生命力，无论是虬曲的线条还是明艳的色彩，都在诉说着白石老人胸怀的那份大爱与真情。他画家乡风物寄托对故土山河的思念，

展期：2018 年 7 月 17 日—8 月 12 日（正殿）
　　　2018 年 7 月 17 日—10 月 8 日（西雁翅楼）
地点：午门正殿及西雁翅楼展厅

“齐白石艺术特展”展厅内景

画微微草虫表达对弱小生命的爱怜。他将心中真诚而炙热的情感，聚于腕下，凝于笔端，抒写为画，歌咏为诗，唱诵给全中国乃至全世界。

由故宫博物院与北京画院合作举办的“清平福来——齐白石艺术特展”，从两家机构珍藏的齐白石作品中精选出 200 余件绘画、篆刻、文献，以“天道酬勤”“扶梦还乡”“老当益壮”“白石篆字”四个部分，全方位、多角度地呈现“人民艺术家”齐白石老人勤勉艰辛的探索、心系故土的乡愁、老而不颓的豪情、刀锋印痕的心相。此次展览与北京画院美术馆的“胸中山水奇天下——齐白石笔下的山水意蕴之二”展览（展期为 7 月 20 日至 9 月 23 日）双展交辉，共同掀起股关于齐白石的艺术热潮。

1954 年，在故宫承乾宫曾举办过“齐白石绘画展览会”，轰动一时。时隔 64 年，已逾半个多世纪，展览又一次吸引众多齐白石艺术的爱好者。齐白石特展期间，适逢文华殿书画馆举办“吴昌硕书画篆刻特展”，故宫博物院首次迎来“南吴北齐”的共同亮相，致广大而尽精微，温润心灵，启迪心智，惠普民众，共享绘事盛典。

故宫博物院藏清初“四王”绘画特展

“清初‘四王’绘画特展”展厅场景（一）

明末清初山水画坛，以师生或亲属联结在一起的王时敏、王鉴、王翚、王原祁，史称“四王”。故宫博物院收藏“四王”的存世作品800余件（套），其中一级文物104件（套），二级文物600余件（套），其数量不仅为全国文物单位之首，更为海内外所藏之最。

“四王”遵从晚明董其昌的“南北宗论”，倾心师古，精研笔墨，追求文人画意趣。其中王时敏取法黄公望，笔墨秀雅苍润，法度严谨；王鉴深研“元四家”并上溯至五代董源、巨然，水墨、设色俱精；王翚兼取南北宗画法，集古而大成；王原祁注重皴染，笔墨浑厚，经营章法布局。以王原祁、王翚为首分别形成“娄东派”和“虞山派”，二派门下弟子众多，其中王翚弟子宋骏业、王原祁弟子唐岱及再传弟子张宗苍等均供职内廷，深得皇帝赏识，他们的艺术风格形成了当时山水画的正统，对清代山水画坛影响深远。

本次展览展出文物多达113件（套），分为“师古为宗”“融古出新”以及“沾溉后学”三个单元。在展品的遴选上，不仅优选了艺术造诣高的绘画精品，还选择了能够体现“四王”画学思想的作品，如王鉴的《四家灵气图》、王原祁的《神完气足图》等，使观众易于理解“四王”的绘画风格及理论，同时也为绘画实践者提

展期：2018 年 9 月 12 日—11 月 11 日
地点：文华殿

“清初‘四王’绘画特展”展厅场景（二）

供了优秀的临摹范本。又如王时敏《秋山白云图》轴和王翚《晚梧秋影图》轴等，也是他们经典的代表作，一定会给广大观众带来深刻、丰富的艺术享受。

故宫博物院在展览期间还特向社会招募古琴、古筝、琵琶、箫等民族乐器演奏志愿者在展厅中进行演奏，为吸引公众广泛参与展览，烘托展览氛围。

“清初‘四王’绘画特展”展厅场景（三）

"清初'四王'绘画特展"展厅内景观

铭心撷珍——卡塔尔阿勒萨尼收藏展

展览共设两大部分，即“瑰丽梵星：印度高级珠宝展”和“皇室臻选：艺术珍品展”，呈现来自阿勒萨尼收藏的 270 余件珠宝杰作和 280 余件稀世珍品。

“瑰丽梵星：印度高级珠宝展”带来了一系列印度珠宝艺术的巅峰之作，总计 270 余件（组），呈现了从莫卧儿王朝直至现代的印度珠宝艺术。本部分展品中引人注目的藏品众多，其中不乏富有历史意义的皇室珍宝配饰以及卡地亚等欧洲知名珠宝制造商在印度传统珠宝形式启发下制作的精美珍宝。本展览将带领观众踏上一场从 16 世纪至今的印度珠宝奇异之旅，感受跨越 5 个世纪的精致艺术品位和完美手工工艺。

印度因其富饶的珍稀宝石矿藏和精湛的珠宝制作工艺在全球享有盛誉。印度及其周边地区盛产各类宝石：戈尔康达矿区出产极品钻石，巴达赫尚盛产尖晶石，克什米尔以出产绚烂的蓝宝石著称，斯里兰卡和缅甸拥有珍贵的红宝石，波斯湾则出产珍珠。在印度，珠宝不仅仅是装饰品。每一种宝石都寓意深远，或表征寰宇深意，或求庇吉祥星象。珍贵的金属和宝石被用于印度人生活的多个方面：室内装饰、礼服、武器和家具。因收入众多珍品，阿勒萨尼收藏已成为全球印度珠宝收藏中最丰富的系列。

“皇室臻选：艺术珍品展”展出共计 280 余件来自世界各古代文明的文物和现代艺术佳品，前后跨越 5000 年历史，见证了人类创造力的发展，均为罕见的历史瑰宝。其中多件艺术珍品为世界范围内首次向公众展出：横贯中亚、近东、埃及、希腊乃至地中海的珍贵艺术文物可追溯至远古世界；来自古代中国、非洲和美洲的艺术珍品则涵盖了神灵崇拜、皇家品位和技术成就等广泛主题；丰富的穆斯林艺术品展现出伊斯兰世界的多元艺术；来自文艺复兴时期和巴洛克时期的一系列欧洲展品则呼应了古典时代。

“瑰丽梵星：印度高级珠宝展”和“皇室臻选：艺术珍品展”的夺目藏品大都出自卡塔尔皇室成员谢赫·哈马德·本·阿卜杜拉·阿勒萨尼殿下的珍藏。故宫博物院也精心挑选 5 件藏品，分别融入两个单元，在内容上与卡方展品呼应，将“铭心撷珍——卡塔尔阿勒萨尼收藏展”的精美程度推向新高。

展期：2018 年 4 月 17 日—6 月 18 日
地点：午门正殿及西雁翅楼展厅

“卡塔尔阿勒萨尼收藏展”展厅场景

砚德清风——故宫博物院藏清代宫廷用砚精品展

“清代宫廷用砚精品展”展厅内供观众拍照的景观

砚与笔、墨、纸，合称“文房四宝”，作为中国传统文化特有的书写、绘画用具，经历了漫长的发展过程。它们早在新石器时代就已出现雏形，历经秦汉、魏晋、唐宋、元明时期的发展演变，不断推陈出新，直至清代更为成熟，并形成各自独特的时代风格。

砚台是文人几案必备之物，又流传有谱系，更是受皇帝重视，乾隆帝也念及“物繁地博，散置多年，不有以荟综稡记，或致遗佚失传，为可惜也”，故而“命内廷翰臣，甄覆品次，图而谱之，凡旧藏者若干枚，散置者若干枚，新获者若干枚，其弃置库中为之剪拂刮磨郁为奇品者又若干枚。谱既成，欲命于敏中拟四六引言以行之。既思题句铭辞皆自作，且六日而成四十首”——不仅收藏砚，还亲手题诗。

在制作机构上，清宫用砚一般是由内务府造办处承办制作，还有少量来自地方官员年例进贡，或由地方织造按内廷发样承做。内廷造办处作坊林立，其中砚作、金玉作、铜镀作、珐琅作等，均有御用砚活计的制作，所制砚台品种

展期：2018 年 5 月 18 日—7 月 29 日
地点：神武门

“清代宫廷用砚精品展”展厅场景

有松花石砚、端石砚、歙石砚、仿古澄泥砚、玉石砚、铜匣暖砚等，成为御笔临池、政务、书斋陈设用砚等。清代内廷造办处“砚作”还制作大量仿古砚，其形式、种类多样。其中尤以乾隆时期成套制作的各式仿古砚最具特点，这些砚不仅造型摹古，而且命名也仿古，仿制皆有所本，如仿自明人高濂《砚谱》或宋人苏轼《砚谱》中的画样。仿古砚材质有歙石、端石、澄泥等，砚和砚盒上镌刻有乾隆帝御制诗，或者御题砚铭，以及“乾隆年制”或“大清乾隆仿古”款等，堪称乾隆时期特有的御用砚形式。

“清代宫廷用砚精品展”展厅展柜内

展览共展出清代宫廷藏砚 140 余件，另外还有 30 余件辅助展品，其中大部分展品为首次展出。

箭亭武备馆

武备馆展厅八旗盔甲展示

“勿以太平而忘武备”（顺治语）。清顺治时，一座射殿出现在祭祀祖宗的奉先殿前，弓马骑射成为清代武备的核心。康熙帝曾亲率诸皇子和善射侍卫于此射箭。雍正时改为箭亭。乾隆帝在此召见殿试弓马成绩最优秀的武进士，并亲试其技。嘉庆时武进士殿试于紫光阁考试外，箭亭也被开辟为弓刀石的考试场地。乾隆、嘉庆二帝将其“国语骑射”训诫于此泐石宣示，永垂法守。

箭亭是清朝皇帝带领子孙练习骑马射箭的地方，以令子孙不忘建国之本，同时，箭亭也是武进士的殿试考场。箭亭原作为故宫志愿者工作站，现改造为清代武备馆，馆中设数个木制展柜，八旗甲胄及皇帝御用刀剑等几十件清朝的武器装备及相关文物陈设其间，尽显清代武备的威武气象。

展期：2018 年 8 月 1 日起
地点：箭亭

武备馆展厅内特色展柜

南大库家具馆

家具馆外景

故宫家具馆是故宫继陶瓷馆、书画馆等专馆之后，开设的又一大专题展馆。根据展览规划，家具馆共分三期展厅。一、二期位于南大库区域，三期位于南薰殿区域，将汇集2000多件明清家具，既是库房又是展馆。家具馆二期将全部为仓储式展示，三期则主要展示明代家具。2018年9月，南大库区域一期展厅开放，除进行仓储式展示300余件清代家具外，还有30余件精品家具，以康熙、雍正、乾隆时期的家具为主，按照庭院、书房、琴房等主题进行场景设计，结合多媒体技术和灯光，形成不同的文化空间，观众可徜徉其间近距离欣赏。展览分为两个部分，其一为主题展览，以“清代宫廷家具中的国与家”为主题，展示与宫廷礼制、帝王生活相关的宫廷家具。其二为仓储式展览，对数百件家具文物按照库房保管要求进行陈列排架，此种形式的家具文物展示在国内还是第一次。

展览从国与家两个大的方面入手，以清代康、雍、乾三朝为核心。康熙时期家具制作继承明代宫廷风格，在髹漆与螺钿镶嵌工艺方面卓有精进，整体风格浑厚质

展期：2018 年 9 月 19 日起
地点：南大库

家具馆展厅中的展示空间

朴又不失庄重华美。雍正时期造办处的制作思路发生了较大的改变，在皇帝的授意之下创立了内庭恭造的式样。雍正帝始终坚持家具制作的文人元素，亲自参与家具的设计与打样，使这一时期的家具充满了清雅隽丽的特点。乾隆时期家具利用各种成熟工艺和珍贵材料，在乾隆帝的旨意下，不仅样式丰富，而且还融入了深厚的儒释道文化元素。从紫禁城到三山五园，从盘山行宫到避暑山庄，乾隆帝对室内家具进行了全面的改造，根据不同的环境配置了不同的家具。

故宫家具文物中不少是收藏在地面库房中，空间拥挤，保存条件欠佳。而且由于院内很多殿宇均进行原状陈列展示，展出家具形式和内容比较固定，因此大量不在展线上的明清家具难见天日，而仓储式展陈正是缓解库存压力、给库存文物更多亮相机会的有效手段。南大库的仓储式展陈可以使古建筑得到更好的修缮和利用，家具文物得到更好的整理、保护和展示，也让观众欣赏到宫廷家具用料之考究、设计之精美、内涵之丰富，让“故宫行”再加一个不得不去的“新看点”。

自然宜畫也宜詩

家具馆展厅中的“是一是二”展示区

家具馆展厅中仓储式展示区

贵胄绵绵——摩纳哥格里马尔迪王朝展（13—21 世纪）

格蕾丝·凯莉像

此次展览通过精心选择、布置的文物和场景，浓缩了摩纳哥公国 13 世纪至 21 世纪 700 余年绵延历史，讲述了摩纳哥公国建国及发展的过程，展现了公国在历史政治、文化艺术等方面取得的成就。来自摩纳哥的 271 件精美展品亮相故宫午门正殿及东雁翅楼展厅，带观众走近摩纳哥这个富庶、美丽的国家。

此次展览的展品中，有许多是摩纳哥王室成员精心收集的艺术珍品，如提香、大卫·丹尼尔斯等名家的绘画作品等。格蕾丝·凯莉王妃是摩纳哥王室的杰出代表人物，她作为 20 世纪最为著名的电影演员之一被中国观众所熟知，此次展览中与之相关的展品，向观众展示了她极高的艺术修养与时尚品位，也为古老的紫禁城带来了一缕时尚之风。

作为全球规模最大的博物馆之一，故宫博物院既是皇家宫苑，又是艺术宝库。这里不但展示和弘扬中国优秀传统文化，也以开放的姿态欢迎世界各地的文化艺术精粹。故宫博物院引进来自全球的高质量展览，为中国观众了解世界各国优秀文化提供了直观、方便的渠道。而此次摩纳哥王室展在故宫的举办，必将为两国友好邦交的加强提供更为坚实的助力。

展期：2018 年 9 月 7 日—11 月 11 日
地点：午门正殿及东雁翅楼展厅

“摩纳哥格里马尔迪王朝展”王妃服饰展示区

“摩纳哥格里马尔迪王朝展”展厅景观

清明上河图 3.0

“清明上河图 3.0”展馆位于故宫箭亭广场，约 1600 平方米，共有《清明上河图》巨幅互动长卷、孙羊店沉浸剧场、虹桥球幕影院等三个展厅以及一个宋代人文空间，从各种维度最大化地营造观展的沉浸感和互动性。

中国有 5000 年以上的文明史，中国国宝也多如恒沙。在中国人的印象里，如果选出前三件国宝文物，《清明上河图》当是首选。《清明上河图》虽然是幅绘画作品，但其意义远远超出了绘画、艺术领域，已经成为走向世界的中国文化符号，甚至有海外人士以之为未来城市的样板。《石渠宝笈》特展时，观众蜂拥而至，《清明上河图》前门庭若市，高峰时段观众排队时间至少 6 小时。因此，经过广泛的调研，故宫博物院决定与凤凰卫视合作，共同开发现代技术下的“清明上河图 3.0”，展演深入挖掘画面内容，融合最新高科技互动艺术，构筑了一个真人与虚拟交织、亦真亦幻、人在画中的沉浸式体验区。展览采用全息投影技术搭配全息膜设计，实时抠像叠加技术，营造出一种虚实结合的效果，仿佛观众走进《清明上河图》画面场景。其中依托多媒体互动投影技术，以孙羊

观众在观看长卷式投影银幕上的《清明上河图》

《清明上河图》中孙羊店布景（一）

《清明上河图》中孙羊店布景（二）

球幕剧院播放表现清明上河节日盛况的动画

店为布景，让真实演员与虚拟人像交互表演穿梭到观众中，沉浸式体验《清明上河图》中的市民生活。展览还采用 3D 投影，裸眼 VR 技术，带来全景球幕体验、船型动感座席于汴河上的虚拟游历。在艺术创作过程中，特邀请赵大鸣为艺术总监、总编剧，作曲家何沐阳创作编曲。大师级的演奏 、吟唱、舞蹈编排，贯穿全程的音乐及声效制作，令真实与虚拟完美交互。

一朝步入画卷，一日梦回千年。当北宋画家张择端完成描绘东京汴河两岸的繁华画卷的时候，他一定没有想到，这幅被后人命名为《清明上河图》的作品会历经岁月沧桑，最终入藏故宫博物院而成就一段艺术传奇。文化与科技结合，给文化的传播插上翅膀，有了无限广阔的空间；文化与旅游结合，让诗和远方携手，拓展对美好生活的想象和追求；融入真人小剧场演出，体会孙羊店热气腾腾的喧闹，可令观众感受到《东京梦华录》笔下扑面而来的生活气息。观众可以在各个音乐章节的串联中，以第一人称视角体验北宋都城汴京的众生百态，成为长卷中的人物，横渡船舶如织的汴河，并在宋代的人文雅韵中唤醒文化的记忆。“清明上河图 3.0”艺术体验与智能科技合璧的文化经典，定能在年轻一代的心中播下对中华文明的热爱的种子，促进大众对中华文化的自信之心。

后 记

“每一种文明都延续着一个国家和民族的精神血脉，既需要薪火相传、代代守护，更需要与时俱进、勇于创新。”故宫博物院策展团队正是以习近平总书记的这一思想为指导开展自己的工作。

近几年，故宫展览在社会上引起高度关注，产生了前所未有的持续的良好而热烈的反响，最根本原因是改变了筹展思路，让展览体现“人民性”，坚持以为人民服务为原则。展览的呈现采用了人们喜闻乐见、具有广泛参与性的方式，例如，改进展览说明，摒弃以往平淡、呆板的说教，不再出现晦涩难懂的生僻名词，而是用一种充满情怀的文字，简单明了地向民众说好我们要讲的故事。办好故宫的展览就是要讲好故宫的故事，讲好中国的故事，而要做到这一点，最根本的方法就是扎根社会、扎根人民。

筹展思路改变的同时，策展程序方式也进行了彻底的改变。展览内容与形式设计团队高效紧密协作，展览不是通过概念对文物进行简单摆放，而是通过文字、颜色、声音、情节、画面、图像，尤其是情感等进行艺术再现，形成故宫博物院特有的设计语言、色彩语言、空间语言；展览氛围的营造也不再局限于展厅之中，而是更加重视展览大环境。

故宫是个大舞台，应该好戏连台，好的展览应该层出不穷，精彩纷呈，带给观众无尽的遐想和美好的享受。面对未来，我们有责任打造出一个又一个经典展览，无愧于故宫这个独一无二的平台，无愧于这个伟大的民族，无愧于伟大的时代。我们的事业任重道远。